뜨거운 지구 열차를
멈추기 위해

모두를 위한
세계환경교육 현장을 가다

뜨거운
지구 열차를
멈추기 위해

모두를 위한
세계환경교육 현장을 가다

(사)환경교육센터
기획

장미정
변원정
정세연
임수정
지음

한울림

모두를 위한 내일의 희망을 그리다

"기후야 그만 변해! 우리가 변할게!"
청소년들이 '지구를 위한 금요일' 결석시위까지 하면서 목소리를 냅니다. 부끄러워진 어른들 사이에서는 작은 것이라도 실천하자는 움직임이 더 넓게 퍼져가고 있어요.

뜨거워진 지구, 길어지는 장마, 사라지는 생명들까지 오랜 시간 걱정해왔던 일들이 눈앞에서 수시로 벌어지고 있습니다. 전 세계 지구촌 시민들은 지금, 값비싼 대가를 치루며 인간이 자연과 어울려 살기 위해 '뜨거운 지구열차를 멈추기 위해' 무엇을 해야 하는지 배워가는 중이에요.

그런데 바로 여기! 세계 곳곳에서 저마다의 방식으로 희망을 빚어가는 사람들이 있어요. 우리는 지구촌 시민으로 살아가기 위해 각자의 자리에서 최선을 다하는 환경교육실천가들과 이들이 만들어가는 다양한 활동의 현장을 찾았고, 바로 그곳에서 내일의 희망을 찾았습니다. 그 이야기를 함께 나눌 수 있어 기뻐요.

이 책의 뼈대가 되고 있는 생명과 생태, 공평과 정의, 나눔과 배려, 공감과 책임은 자연과 사람, 나와 당신, 모두를 위한 공존의 가치예요. 지속가능한 사회를 위해 우리가 걸어가야 할 방향이기도 하죠. 우리는 이러한 가치가

인류를 인간답게, 지구촌 시민답게 살 수 있는 기회를 남겨줄 거라고 믿습니다. (본 책을 집필한 모두를 위한환경교육연구소는 이러한 믿음으로 사회적 형평성을 강조하는 교육연구 활동을 해나가고 있어요.)

　우리는 이 책에 실린 이야기들이 어떻게 살아야 하는지 답을 찾고, 내가 여기에서 무엇을 할 것인가 함께 이야기하고, 나와 우리, 모두를 위한 가치를 중심으로 생활방식을 응원하고 용기를 주기를 바라요. 그리고 누군가 환경위기라는 무거운 숙제를 깨닫게 되었을 때, 혼자가 아니라고 말해주기를 바랍니다.

　모두가, 모두를 위한 지구인이 될 수 있다는 믿음으로 작지만 위대한 한걸음의 사례들을 모았습니다.

　마지막으로 유럽의 한복판에서 코로나 상황을 겪어내는 와중에 탈고까지 고생한 두 명의 공동저자를 비롯해, 지구촌 곳곳에서 신음하는 환경난민, 사라져가는 생물종들을 비롯한 환경적, 사회적 약자들에게 애정과 응원의 마음을 보냅니다.

장미정 | 저자들을 대표하여 씀

| 차례 |

머리말 모두를 위한 내일의 희망을 그리다

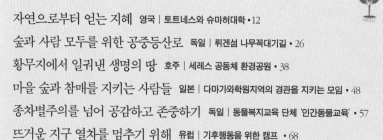

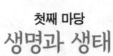

첫째 마당
생명과 생태

■ 슈마허대학 전경. 공동참가자들과의 한때

MEEJEONG. 2020

토트네스와 슈마허대학

인간은 작은 존재이므로, 작은 것이 아름답다.
거대주의를 추구하는 것은 자기 파괴로 나아가는 것이다.

─에른스트 슈마허

● ● ●

"작은 것이 아름답다." 이 간결하고 명료한 문장 하나로 깊은 울림과 영감을 준 경제학자 에른스트 슈마허(Ernst Friedrich Schumacher)를 아나요? 1973년에 《작은 것이 아름답다》라는 책이 출간되면서 슈마허의 철학은 경제, 과학기술, 생태운동, 노동, 교육에 이르기까지 폭넓은 영향을 끼쳤어요.

슈마허의 철학에 깊이 공감한 생태사상가 사티쉬 쿠마르는 동료들과 함께 1991년 슈마허대학(Schumacher Colleage)을 설립했고, 이곳은 자연과의 관계회복을 바탕으로 삶과 학습을 통합하는 대안학습공동체의 모델로 널리 사랑받고 있죠.

"당신이 할 수 있는 것, 할 수 있다고 꿈꾸는 것, 그것을 시작해라. 대범함은 천재성, 힘, 마법을 지닌다."

들판과 나무가 우거진 교정을 지나 슈마허대학의 현관으로 들어서면 이 문구가 가장 먼저 방문자들을 반깁니다. 그러나 작은 것이 아름답고, 거대주의가 자기 파괴로 나아가고 있음에 공감한다 해도 삶의 방식을 전환하는 일은 결코 쉽지 않아요. 전환된 삶의 가치를 끝없이 증명하면서 비용을 감당해야 하고, 두려움을 넘어서고, 또 상상력에 기대야 하기 때문이죠. 하지만 삶의 방식을 바꾸지 않으면, 작은 존재로서 아름답게 살아갈 기회조차 사라질지 모릅니다.

우리는 지금 절박한 기후위기 시대에 살고 있어요. 우리에게 필요한 것은 거대한 전환이죠. 하지만 개인의 생애전환 없이 시대의 거대한 전환이 가능할 리 없습니다. 지금 우리 모두에게는 할 수 있다고 상상하고 꿈꾸는 것을 '지금, 여기에서' 시작할 수 있는 용기가 필요해요.

지금 여기에서 시작할 수 있는 용기

그 노력의 일환으로 나는 2018년 가을에 슈마허대학에서 일주일을 보냈습니다. 자연과 교감하고, 그 안에서 자연으로부터 배우는 리더십을 찾아가는 워크숍에 참가하기 위해서였죠. 여기서는 그 일주일의 이야기를 해보려고 해요.

■ 슈마허대학 워크숍 쉬는 시간

소도시의 작은 마을에 세계 각지에서 찾아온 스무 명의 사람들이, 매일 아침 모여서 동그란 원을 그리며 마주봅니다. 소소한 하루에 감사하고, 자연과 교감하고, 이 과정에서 일어나는 자기성찰을 공유하죠. 강의를 이끄는 사람은 두 명인데, 일상의 에피소드로 이야기를 시작해서 날마다 다른 메시지를 던져요. 그런다음 참가자들의 이야기를 경청하며 모든 일정을 함께하죠. 워크숍을 이끄는 다른 두 사람은 참가자들의 소통과 몰입을 돕고, 자연에서의 일주일을 안내합니다.

참가자들은 서로 다른 프로그램에 참여하는데, 모든 프로그램은 큰 범주에서 자연과 인간의 관계, 자연으로부터 배우는 지혜, 주변을 주의 깊게 둘러보는 것과 자기성찰로 귀결됩니다.

참가자들은 강의를 함께 들을 뿐 아니라 일상도 함께해요. 함께 식사를 준비하고, 테이블을 정리하고, 시간 나는대로 웃고떠들며 왜 슈마허에 왔는지, 오늘의 깨달음이 자신에게 어떤 의미인지 틈틈이 이야기를 나누죠.

여유시간에는 자연과 교감할 수 있는 자신만의 공간을 찾아시간을 보냅니다. 오가는 길에는 낯선 이들과 눈빛을 교환하며서로를 보살피고, 배려하고, 경청하고, 위로를 건네고, 때로는 뜨겁게 안아줘요. 특별할 것 없어 보이는 프로그램이지만, 슈마허대학을 찾는 사람들은 종종 첫인사로 여기 몇 번째 왔는지 묻곤합니다.

이곳에 오는 사람들의 목적은 비슷해요. '보다 괜찮은 내가 되기 위해서.' 사람들은 매년, 혹은 종종 이곳을 찾아 혼자서는 절대 할 수 없을 것만 같던 채식을 하고, 화학물질 없이 하루를 보내며, 소박한 방에서 단순한 삶을 체험합니다. 이렇게 자신을 추스르고 다시 세상에 나가는 거죠. 영혼이 맑아지는 시간을 보내며 경험한 생활방식과 시공간은 이후 스스로의 삶의 방식을 결정하는 데 결정적인 역할을 할 수 있기 때문이에요.

이곳 슈마허대학에서 이루어지는 모든 과정은 생태적이고 총체적인 세계관에 기반을 둡니다. 그리고 삶의 방식을 변화시킬 수

■ 슈마허대학 워크숍 참가자 숙소

있는 기회를 제공해요. 그렇기 때문에 지속가능하고 생태적인 생활을 꿈꾸거나 지지하는 수많은 사람들이 이곳을 찾습니다.

슈마허대학에는 일주일, 한 달, 일 년 단위로 진행되는 다양한 과정이 있어요. 커리큘럼과 학습내용은 모든 생명체를 존중하는 생태세계관을 중심으로 기획되고, 자연과의 깊은 관계에 기반해서 진행됩니다. 각 프로그램은 채식, 명상과 성찰, 산책을 위한 충분한 시간과 공간으로 구성되고 또 작은 규모로 운영돼요. 구성원 모두는 요리, 청소, 정원 가꾸기에 참여해야 하는데, 이 방식은 공동체 의식을 갖도록 만들죠.

매주 수요일에는 지역 주민들과 함께하는 이벤트 강좌 〈지구와의 대화(Earth Talk)〉가 열리는데, 이는 슈마허대학에서 추구하는 지역과의 소통을 위한 아주 중요한 프로그램이에요.

슈마허대학과 전환마을이 만났을 때

슈마허대학이 위치한 지역에는 최초의 전환마을(transition town)로 알려진 토트네스가 있어요.

전환마을은 기후위기, 에너지위기, 경제위기에 대비하여 자체적인 회복력을 갖춘 마을로, 기후위기의 대안을 우리가 살고 있는 '지금 여기'에서 찾아보자는 지역공동체 실천운동으로부터 시작됐어요.

전환을 준비하는 몇몇 가구가 모여서 에너지와 자원 절약, 주택단열 등으로 에너지 효율을 개선하고, 지붕 위 태양광발전기

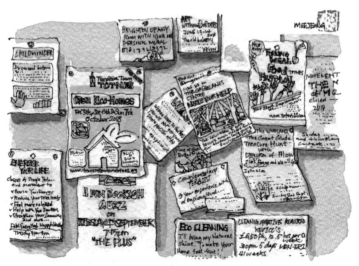

■ 토트네스 전환마을 카페 공용 메모판

설치 등의 활동을 함께하면서 일명 '전환거리'가 형성되었고, 전환
거리가 늘어나면서 전환마을로 확대된 것이죠. 2009년에는 영국
정부가 '지역사회 주도 기후위기와 에너지 대안모색' 프로젝트를
지원하면서 마을 조성이 본격화되었어요.

　이런 변화는 결코 우연이 아니에요. 오늘의 전환마을은 삶의
전환을 꿈꾸는 사람들이 따로 또 같이 전환거리를 만들고, 전환
마을을 만들고, 전환학교를 만들면서 삶과 시대의 전환을 꿈꾸
고, 이를 위한 교육과 학습의 장을 마을 한켠에 마련한 결과이기
때문이에요.

　전환마을의 의의는 삶의 전환을 통해 작게는 한 가구가, 한

■ 서울시 호박골 에너지 자립마을

마을이, 나아가 세상이 변화할 수 있는 흐름을 만들어냈다는 데
있습니다. 한편으로, 전환마을을 통해서 에너지 전환과 생태적 전
환이 교감하며 함께 성장할 수 있었고, 학습공동체에서 출발한
사회적 경제실험들을 지역공동체에서 실현해볼 수 있었죠.

현재 슈마허대학은 토트네스 전환마을과 마을 프로젝트를
같이 운영하고, 대학 참여자들은 지역민을 위한 교육을 진행하고
있어요. 토트네스 전환마을의 설계자인 롭 홉킨스가 슈마허대학
에서 전환 강의를 하기도 했죠.

2019.11.19 HEEJEONG

토트네스역에서 슈마허대학까지는 3킬로미터 떨어져 있어요. 도보로 30~40분 거리인데, 지구촌 반대편에 사는 나로서는 행운이 아닐 수 없어요. 슈마허대학이 교육적 지향의 한켠을 차지한다면, 토트네스 마을은 환경적 지향의 한켠에 자리하기 때문이죠.

우리나라는 기후위기에 대처하는 환경친화적 노력의 일환으로, 2012년 토트네스 전환마을을 모티브로 한 '서울시에너지자립마을' 일곱 곳을 선정해서 운영하기 시작했어요. 이 사업은 점차 확대되어서, 2020년 현재 전국적으로 수백 곳에 이르는 '에너지

자립마을' 사업이 활발하게 진행되고 있습니다.

삶의 방식을 이야기하는 교육

환경교육은 어떻게 살 것인가에 답을 찾아가는 교육입니다. 그런데 우리는 언제부터인가 너무 많은 정보들을 던지고 있어요. 가족과 식탁에서 대화를 나누고 골목길 한켠을 비집고 올라온 꽃봉오리에 코를 갖다대고 향기를 음미하는 대신, 많은 글과 데이터들로 화면을 빡빡하게 채우며 일방적인 정보를 쏟아내기 일쑤죠.

바람직한 환경교육, 지속가능한 발전교육, 모두를 위한 환경교육은 많은 것을 덜어내고 삶에 대해 이야기하는 교육이에요. 때문에 앞서 살펴본 슈마허에서의 일주일은 자연과 인간과의 관계, 인간과 인간과의 관계 속에서 좀 더 배려하고 공감하고 경청하며, 지속가능한 방식으로 살아보는 삶을 배우고 실천해본다는 점에서 시사점이 커요.

나는 환경교육이 '불편한 진실'을 감내할 것을 강요하기보다는 내 삶의 방식이 스스로에게 '자부심이 되도록 하는' 교육이면 좋겠습니다. 내 삶의 소소한 깨달음을 이야기하고 그렇게 살 수 있는 '용기를 주는' 교육이라면 좋겠습니다. 콘텐츠를 줄이는 대신 자연과 일상, 우리들의 삶의 모습을 사려 깊게, 주의 깊게 바라보고 조금 천천히 살 수 있는 대범함을 주는 교육이 되면 좋겠습니다.

그렇게 할 수 있다고, 우리의 내일이 희망으로 가득하다고 꿈꾸는 오늘입니다.

슈마허대학 과정 엿보기

슈마허대학의 교육과정과 학습내용은 모든 생명체를 존중하는 생태 세계관을 중심으로 기획된다.

1년 과정으로 이뤄지는 석사 프로그램: 생태디자인, 전환의 경제학 전공으로, 경제-사회-환경적 불균형을 해소할 수 있는 생태적 가능성을 찾아가고, 생태 경제와 사회적 경제의 이론과 실천을 통합하는 방법을 배운다. 시장경제이론을 자연에 접목하는 기존의 경제학과 달리, 전환의 경제학은 생태학의 원리에 경제학을 적용한다. 시장에서는 대부분 경쟁을 통해 수요와 공급이 결정되지만 숲에서는 협력하면서 공존하기 때문이다.

단기 프로그램: 1주 단위부터 5주 단위까지 다양한 프로그램을 운영 중이다.

테마 과정: 사회자와 조력자가 하나의 테마를 가지고 참가자를 깊은 성찰의 세계로 안내한다.

생활체험 과정: 계절별로 슈마허에서의 한 달 살기에 참여할 수 있다. 생태적 · 환경적인 일상생활, 공동체 생활을 통해 영감을 얻고 자신의 삶에 대해 생각해볼 수 있다.

지역 연계 프로그램: 매주 수요일, 지역 주민들과 함께하는 〈지구와의 대화(Earth Talk)〉가 열린다. 학교를 방문한 참가자들과 학교가 위치한 영국 남부 데번 지역, 다팅턴(Dartington) 지역 주민들이 함께한다.

2020 MEESEONG

■ 뤼겐섬 나무꼭대기길

뤼겐섬 나무꼭대기길

> 침팬지나 고릴라, 오랑우탄은 수백만 년 동안 숲에 살면서 지나치게 붐비지도,
> 숲을 파괴하지도 않고 잘 살아왔다. 환경과 조화를 이루는 데 있어
> 이들은 우리 인간보다 훨씬 성공적이지 않은가.
> — 영장류학자 제인 구달

● ● ●

산림은 다양한 동식물의 삶의 터전일 뿐 아니라, 온실가스 배출을 상쇄하는 자원으로 기후위기 시대에 귀중한 가치를 지닙니다. 국토의 70퍼센트가량이 산지인 우리나라는 산림 여러 곳을 국립공원으로 지정하여 보호하는가 하면, 자연을 체험할 수 있는 공간으로도 활용하고 있어요. 단풍이 드는 계절마다 텔레비전에 나오는 내장산과 설악산, 온 가족이 함께 걷는 지리산과 한라산 둘레길 등 우리나라 사람들에게 산은 삶의 휴식처로서 빠질 수 없는 존재죠.

때문에 삼림을 즐길거리로 제공하는 관광상품은 늘 인기를 누리고, 케이블카 건설 프로젝트 또한 지역경제발전과 교통약자를 위한 접근성 강화를 이유로 30개 넘게 추진되고 있어요.

하지만 케이블카 건설이 자연 생태계에 미치는 부정적인 영향을 우려하는 목소리도 높습니다. 실제로 설악산 오색 케이블카 건설계획은 38년 동안 논란만 계속되다가 결국 백지화된 선례가 있어요. 설악산에 서식하는 토종 야생동물과 멸종위기에 처한 산양을 보호할 방법을 찾지 못했기 때문이죠.

'접근성과 편의성을 높인 모두를 위한 등산로에 케이블카가 아닌 다른 대안은 없는 걸까?'

이 질문은 내가 환경단체에 몸담고 독일에서 환경정책학을 공부하는 내내 머릿속을 떠나지 않았습니다. 그런데 지난해 봄, 나는 독일 북부에 위치한 뤼겐섬의 '나무꼭대기길'에서 비로소 한 가지 해답을 발견했어요.

교통약자도 오를 수 있는 '나무꼭대기길'

지난 5월 '지속가능발전교육'을 주제로 열린 세미나에서 환경교육 우수사례로 꼽히는 '나무꼭대기길(Baumwipfelpfad)'을 방문했습니다. 나무꼭대기길은 독일 북단 발트해에 면한, 과거 군사보호구역이었던 뤼겐(Rügen)섬 남동쪽 숲에 만들어진 공중등산로예요.

지상 4미터에서 시작해 42미터까지 높아지며, 연결 부분의 나사못과 일부 안전 로프를 제외하면 모두 단단한 나무로 만들어져 있죠. 지난 2013년 8월에 개장했는데, 안전하고 친환경적이면서 재미와 교육효과까지 겸비했다는 평가를 받고 있어요. 무엇보다 숲을 해치지 않으면서도 인간의 발길이 닿지 않은 숲의 생태계를 가까이에서 내려다보는 즐거움을 얻을 수 있죠.

나무꼭대기길은 영어로 'canopy walkways' 'treetop walks' 등으로 불려요. 경사각이 22도를 유지하는 완만한 경사로가 소용돌이 모양으로 설계되어 있어서, 보행에 어려움이 있는 이른바 '교통약자'들도 큰 어려움 없이 42미터 높이의 '독수리둥지' 전망대에 오를 수 있습니다. 뿐만 아니에요. 전체 길이가 1.15킬로미터에 이르는 이 길은 보행 장애물이 없는 시설이어서 휠체어를 탄 사람도, 유모차를 끌고온 사람도 누구나 편하게 움직일 수 있어요. 자연생태계뿐 아니라 모든 사람에게 공평하고 편안한 시설이란 뜻이죠.

그 외에도 나무꼭대기길이 선사하는 볼거리는 정말 다양합니다. 300미터 높이의 튼튼한 가문비나무를 둘러싸고 있는 구조 덕분에 사람들은 나무의 모습을 위에서, 또 아래에서 360도로 관찰할 수 있어요. 잎과 가지, 줄기는 어떤 모습인지, 어떻게 곤충이나 새, 다른 식물의 보금자리가 되어주는지 등 나무의 생애와 습성을 가까이에서 찬찬히 바라볼 수 있는 것이죠.

경사로를 따라 시야가 점점 높아지면서 뤼겐섬의 정겨운 시골마을 풍경부터 발트해의 웅장한 수평선까지 다채롭게 펼쳐진 바깥 경치도 볼 수 있어요.

■ (위부터) 뤼겐섬 나무꼭대기길 전경, 경사로, 초록교실

생태를 연구하기 위한
친환경 구조물

처음에 공중등산로를 만든 목적은 생태를 연구하는 과학자들이
나무 높은 곳에 접근하도록 돕기 위해서였어요. 거의 대부분 단
단한 나무를 이용하여 만들었기 때문에 공중등산로는 주변환경
과 조화롭고, 식물이나 토양에 배출하는 오염물질이나 소음도 전
혀 없어요.

폭 2~8미터가량으로 만들어진 나무꼭대기길도 다르지 않아
요. 게다가 나무꼭대기길이 위치한 숲에는 나무꼭대기길 외에는
다른 통행로가 없어서, 숲의 상태나 날씨에 따라 출입을 제한하
는 등의 관리가 쉽다는 장점도 있어요.

이 밖에도 뤼겐섬 나무꼭대기길에는 형태도, 원리도 다양한
반영구적인 시설들이 있습니다. 나무 사이에 다리 형태로 놓인 소
규모 시설부터 사람이 매달리거나 기어서 다니는 구조물도 있죠.
이 모든 시설들은 이용하는 사람이 마치 나무 위에 사는 동물처
럼 느리고 부드럽게 움직이도록 유도합니다.

나무꼭대기길은 등산을 좋아하는 사람들뿐만 아니라 아이
를 동반한 가족, 학생들과 현장학습을 온 선생님들에게도 아주
좋은 평가를 받고 있어요. 등산로 곳곳에 다채로운 교육자료와
체험도구들이 갖춰져 있고, 입구의 방문자센터에서는 상설 또는
특별 전시가 진행 중인데다, 모든 자료와 프로그램들은 유네스코
가 천명한 지속가능발전교육 개념을 바탕으로 설계되어 있기 때

■ 가을 나뭇잎

문이지요.

　실제로 이곳은 유네스코 독일위원회로부터 우수사례로 선정
되었고, 2015년부터 3년 연속으로 '유엔 10년 생물종다양성' 실천
사례로 뽑히기도 했어요.

기후위기 시대,
숲과 사람의 공존을 위해

세계적으로 탄소발자국을 최소화하는 생태관광이 트렌드가 되면
서 공중등산로의 환경적 가치가 재조명을 받고 있어요. 남아공의

■ 제인 구달은 인간과 동물의 공존, 동물윤리를 강조해왔다.

들린자(Dhlinza) 숲이나 말레이시아의 타만네가라(Taman Negara) 국립공원, 르완다의 늉웨(Nyungwe) 국립공원, 가나의 카쿰(Kakum) 국립공원 등에서도 공중등산로가 운영되고 있죠. 뤼겐섬을 비롯하여 유럽 여덟 개 지역에서 유사한 시설을 운영 중인 독일회사가 우리나라에서도 곧 프로젝트를 시작한다는 반가운 소식도 있습니다.

자연생태계에 대규모 인공물이 들어서고 사람들의 발길이 많아지면 변화가 일어날 수밖에 없어요. 야생동물의 종류나 숫자가 줄어들고 식생에도 영향을 끼치는 건 물론이죠.

기후위기로 숲은 이미 위기에 처해 있어요. 숲과 인간이 공존하려면 사람의 목소리와 발걸음이 적어지도록 길을 내고, 인공 구조물은 지속적인 에너지 공급이나 과도한 유지보수 노력 없이도 오랫동안 조용히 자기 역할을 할 수 있도록 만들어야 하죠.

지금도 끝없이 논의되고 있는 케이블카는 나무를 마구 베어내 산사태를 겪던 근대화 시기의 기술이에요. 전기자동차가 상용화되고 폐목재를 재활용하여 만든 우드펠릿으로 난방을 하는 지금, 새들의 노랫소리, 나뭇잎을 간질이는 바람소리, 호기심에 들뜬 아이들의 목소리만이 울려퍼지는 조화롭고 평화로운 뤼겐섬의 공중등산로는 앞으로 우리가 만들어나가야 할 숲의 미래가 아닐까요?

공중등산로 프로그램 엿보기

상호작용이 가능한 전시공간

친환경 건축물로 지어진 방문자센터에서는 이 지역의 지질학적 생성과정, 작가의 사진전, 독일 다른 지역에 건설된 '나무꼭대기길' 모형 등을 만날 수 있다. 식당에서는 지역 농산물을 활용한 유기농 먹거리를 판매한다.

초록교실 운영

공중등산로는 독일의 환경교육 가치인 '자연 속 실험실(Natur Labor)' '초록교실(Grüne Klasszimmer)'을 표방한다. 아이들에게 자연을 오감으로 생생하게 느낄 기회를 주면, 배움에 대한 열정과 자연에 대한 사랑이 자연스레 피어오른다는 뜻에서다. 공중등산로는 또한 과학적으로 정밀하면서 창의적이고 감성적인 교육 콘텐츠를 지향하는 다음 네 가지의 학습자료를 비치하고 있다.

- 릴레이 만화: 지역 재래종인 흰꼬리수리를 주인공으로, 숲의 생애와 숲속에 사는 동식물들의 삶을 정겨운 그림체로 전달한다. 방문자센터에서 릴레이 만화와 짝을 이루는 질문 책자를 받은 아이들은 등산로 곳곳에서 만화를 찾아 답을 맞히는 놀이를 할 수 있다.

■ 나무꼭대기길에 비치된 릴레이 만화

- 과학실험기구와 생태모형 비치: 숲을 관찰할 뿐 아니라 직접 만져보고 그 원리를 깨우치도록 한다. 숲에서 채취한 여러 종류의 토양 샘플로 차이점을 배우고, 둥지 모형으로 알의 모습까지 알 수 있다.
- 장애물 구간 설치: 평평한 나무보도 대신 밧줄이나 흔들리는 널판지를 타고 아슬아슬하게 지나가도록 만든 길이다. 장애물 구간의 길이나 난이도는 다양하다. 아이와 어른 모두 즐거운 비명을 지를 수 있는 경험이다.
- QR코드로 오디오 가이드나 심화자료 제공: '죽은 나무는 숲에 그대로 두는 것이 더 좋을까?', '군대의 역사는 자연보전과 어떤 관련이 있을까?'와 같은 질문을 던지는 한편, 생물종 다양성과 지역 서식지에 대한 흥미로운 정보를 전달한다.

■ 나무꼭대기길의 다양한 학습자료들

■ 세레스 공동체 환경공원 전경

황무지에서 일궈낸 생명의 땅

2020 LEEJEONG

세레스 공동체 환경공원

세레스… 다시 지구와 사랑에 빠지다.

－세레스 홈페이지(ceres.org.au)

● ● ●

경기도 양평, 북한강과 남한강이 만나는 두물머리(양수리)에 가본 적이 있나요? 이곳은 수도권 최고의 유기농산물 생산지이자 아름다운 풍광으로 사랑받는 장소예요. 하지만 2009년에 4대강 사업이 강행되면서 유기농지를 지키려는 농민과 주민들, 인근 상인과 정부 등 여러 이해관계자들이 얽힌 지리한 싸움이 시작되었어요. 그리고 2012년 8월, 4년간의 갈등 끝에 농민들이 농지를 포기하고 물러났어요. 두물머리 유기농지를 호주의 세레스 환경공원을 모델로 하는 생태학습장으로 만들기로 합의하면서였죠.

하지만 이 계획은 2014년에 양평군이 사업에서 손을 떼면서 부유하게 됩니다.

생명과 같은 농지를 양보하고 물러선 농민들이 꿈꾸었던 세
레스 환경공원의 사회적·교육적 의미는 무엇이었을까요? 두물머
리 농민과 주민, 함께했던 연구자들이 모델로 꿈꾸었던 호주 멜버
른에 위치한 세레스 환경공원을 찾아가 보았습니다.

임대료 연간 1달러의 가치
지속가능한 농장

세레스 환경공원의 정식 이름은 〈환경전략교육연구센터 공동체
환경공원〉[CERES(Centre for education and research in Environmental
strategies) Community Environment Park]이에요. 이름에서 보듯,
이 공원은 1982년부터 지금까지 환경전략을 연구하고 교육하는
거점센터로서 지역공동체와 함께해왔죠.

세레스 환경공원(이하 세레스)은 호주 멜버른 이스트브런스윅
(East Brunswick)에 자리잡은 총면적 4.5헥타르(13,500여 평)에 달하
는 공간이에요. 본래는 공장지대여서 전통적으로 노동계층이 모
여사는 곳이었는데, 공장 이전 등으로 실업문제가 심각해졌고,
한때는 쓰레기집하장이 되었다가, 10년 넘게 버려진 땅으로 남아
있었어요.

그러다 몇몇 시민들의 제안으로 사회적 논의가 시작되면서 버
려진 땅을 복원해서 지역민들을 위한 일자리 창출과 교육을 목적
으로 활용하자는 공감대가 만들어졌어요. 이후 시의회가 땅을 인
수했고, 시민사회에 연간 1달러라는 파격적인 조건으로 임대를 해

■ 세레스 환경공원에서 운영하는 유기농 마켓

주었어요. 이렇게 세레스는 세계적으로 유명한, 지속가능한 농장으로 가는 발걸음을 뗄 수 있었습니다.

7년이 지나자, 서서히 결과물이 나오기 시작했어요. 점점 더 많은 그룹, 직원, 자원봉사자 들이 함께하면서 사회적 지속가능성으로 관심이 확대되었고, 다양한 시도들도 이루어졌어요. 황무지였던 곳이 점차 활기차고 다양한 공동체의 공유공간으로 탈바꿈하자, 방문객도 꾸준히 늘어났죠.

지금 세레스는 연간 40만 명이 넘는 방문자들이 찾아오는 곳이에요. 황무지에서 피어난 생명이 이제는 구성원들의 자부심이 되어 퍼져나가고 있죠.

세레스는 공동체를 기반으로 하는 학습과 실천 공간이에요. 스스로를 비영리 지속가능성 교육기관으로 소개할 만큼, 모든 영역에서 지속가능성을 위한 학습과 실천이 강조되고 있죠.

세레스는 교육을 통해 자연과 사람을 다시 연결하기 위해 노력해요. 집, 학교, 직장에서 긍정적인 변화를 만들어갈 수 있도록 개개인의 역량을 길러주고, 여러 영역에서 지속가능성을 우선순위로 생각할 수 있는 지도자들을 양성하죠. 어린 유아부터 나이 많은 노인, 소외계층이나 지역사회의 개별 구성원들에게까지 삶의 지속가능성을 위한 기능과 행동 또한 전수하고 있어요.

세레스의 주요 프로그램은 농장을 통해 이루어지는데, 종자와 음식 교환, 윤리적인 유통사업, 지역에서 키운 유기농 식품들을 다양한 그룹의 사람들에게 연결해주고, 또 고용하면서 지역경제에도 기여하고 있어요.

허니레인마켓가든(Honey Lane Market Garden)은 2003년에 호주에서 처음 시도된 유기농 도시텃밭으로, 푸드마일리지 '0'에 도전하고 있어요. 농장에서 길러 재배한 식품을 바로 구매할 수 있으며, 농장교육을 위한 다양한 텃밭도 있죠.

이뿐만이 아니에요. 세레스 안에 있는 건물들은 모두 녹색기술과 지속가능한 디자인으로 리모델링되었어요. 90년 된 집을 개조해서 만들었다는 에코하우스, 재활용 재목으로 만들어진 학습센터, 지속가능한 운송수단과 자연재료와 재활용재료, 태양에너지를 활용한 패시브디자인과 자연채광, 생태경관 디자인이라는 원칙 아래 만들어진 지속가능성 센터(Van Raay Centre) 등은 건물자체가 교육매체로 활용될 정도죠.

이 밖에도 공원 곳곳에서는 태양열 전기차충전소, 태양열 집광기, 풍력터빈, 태양광 그늘막, 바이오가스 등의 녹색기술을 만날 수 있어요. 또한 세레스는 빗물, 재사용된 물, 폐수, 지표수, 음용수, 수로로 이루어진 통합 물관리 시스템(Integrated water cycle management, IWCM)을 운용하고 있어요.

'천천히' '함께'
작은 실천에서 시작된 거대한 전환

내가 만난 세레스 곳곳에서 가장 특별하게 다가온 것은 '천천히' '함께' 이뤄냈다는 구성원들의 '자부심'이었어요. 무료로 방문객을 안내하는 자원봉사자나 안내자, 활동가는 물론 농장에서 일하는 근로자들까지, 이곳에서 만난 사람들은 누구나 스스로 빚어낸 '자부심'을 뿜어내고 있었어요. 말로 표현하지 않아도 긴 시간 함께 일궈온 공동체와 지역사회의 일원이자 구성원임을 자랑스러워하는 사람들의 시간과 노력을 그려볼 수 있었죠.

시민과 공공기관의 성공적 소통과 협력, 교육프로그램을 중심으로 한 시민들의 소통과 공감대 확산, 결과적으로 점차 높아진 자립률은 공동체와 지역사회의 새로운 힘이 되고 있어요. 그리고 이 긍정의 에너지는 더 넓은 지역과 지구공동체에서 살아가는 모든 시민들에게 희망의 메시지가 되고 있죠.

거대한 전환은 하나하나의 작은 실천에서 시작돼요. 세레스의 사례는 바로 이렇게 이루어진 놀라운 전환이라고 할 수 있죠.

세레스 환경공원 프로그램 엿보기

교육 프로그램

- 체험투어: 태양열, 풍력과 같은 재생가능한 에너지 기술, 환경적이고 지속
가능한 주택이나 건축, 생태관광, 세레스 교육 프로그램의 철학, 다양성,
방법론이 녹아든 환경교육 외에도 지역사회 식재료 시스템, 유기농 식품
점, 식재료와 관련된 사회적 기업을 아우르는 식품투어도 있다.
- 워크숍: 생태적 자급자족 관련 기술워크숍이 주를 이룬다.
- 성인을 위한 프로그램: 지속가능한 교육의 일환으로, 에너지, 물관리, 지속
가능한 건축디자인, 쓰레기 처리, 녹색정책, 녹색기술, 문화적 다양성, 도시
농부 되기, 지속가능한 정원 가꾸기, 지속가능한 요리사 되기 등 특별한 투
어 프로그램이 진행된다.
- 어린이를 위한 프로그램: 땅, 물, 쓰레
기, 에너지, 문화 등 다양한 주제를 다
루는 환경교실이 운영된다. 인근 지역
학교와의 연계교육활동 또한 활발하
다. 멜버른의 600개 학교, 빅토리아주
2000개 학교와 연계하고 있다.

■ 세레스 농장 유기농식당 옆 친환경놀이터

농장 프로그램

세레스의 주요 프로그램은 농장에서 진행된다. 수천 개의 학교 아이들에게
지속가능한 식품 생산과 생태적 교감을 체험하는 프로그램을 제공하고, 매
주 자원봉사자들이 지역 농민들을 위해 식물심기, 수확, 공간관리를 돕는다.

- 메리크릭마켓가든(Merri Creek Market Garden): 세레스에서 북쪽으로 2킬로미터 떨어진 곳에 위치한 농장으로, 2003년부터 작물 재배를 시작했다. 이곳에서 생산된 작물은 세레스 유기농 마켓과 직판 농장, 지역농부 시장에서 판매되며, 세레스 카페에도 제공된다. 매주 결연을 맺은 기업과 기관의 직원들이 텃밭을 가꾸는 자원봉사 프로그램에 참여한다.
- 세레스 공정푸드: 텃밭과 지역유기농 농장에서 생산된 수확물을 박스에 담아서 조합원이 있는 지역에 배달하는 서비스다. 요리교실이나 워크숍, 요리시연, 축하연, 지역 요리의 날 등에 직접 생산한 농산물을 활용한 각종 프로그램이 진행된다.
- 유기농 시장과 가게: '지역민이 만들고 유기농으로 키운 것으로, 포장을 최소화하고, 지역사회를 지원하는 공정무역을 지향하며, 화학적이지 않고 환경을 오염시키지 않는다'라는 구매정책에 따라 운영된다. 그중에서도 유기농 올리브오일, 밀가루, 쌀, 건과일, 견과류, 곡류, 콩 등은 포장 없는 제품으로 인기를 얻고 있다.
- 세레스 글로벌(CERES GLOBAL): 지속가능성, 환경, 지역사회 개발, 사회평등, 교육 분야에서 국제 파트너 조직을 방문하고 여행하며, 서로 다른 문화를 이해하고 존중하면서 배우고 협력하는 프로그램이다. 인도네시아, 인도, 중국, 사모아, 쿠바, 동티모르의 원주민들과 소통하며 문화, 교육, 기술을 공유하는 등 상호존중을 기반으로 하는 탐험과 학습여행, 살아 있는 경험, 책임 있는 여행을 함께한다.

■ 세레스 환경공원의 주말벼룩시장과 유기농 마켓

마을 숲과 참매를 지키는 사람들

■ 다마가와학원지역의 마을 숲

2019.11.9
MEEJEONG

다마가와학원지역의 경관을 지키는 모임

나는 갑자기 나 자신이 뭇 새들의 이웃이 되었다는 걸 깨달았다.
내가 새들을 잡아두어서가 아니라 내 보금자리를 그들 곁에 만듦으로써 그렇게
된 것이다. 나는 채마밭이나 과수원 주위에서 흔히 볼 수 있는 새들뿐 아니라,
마을 가까이에 와서 노래 부르는 일이 전혀 또는 거의 없는, 보다 야성적이고 보다
우리의 흥분을 자아내는 숲속의 노래꾼들인 티티새, 개똥지빠귀, 붉은풍금조,
바위종다리, 쏙독새와 그 밖의 많은 새들과 더욱 가까운 사이가 되었다.

－헨리 데이비드 소로,《월든》중에서

● ● ●

1845년, 미국의 자연주의 사상가 헨리 데이비드 소로는 매사추세
츠주의 월든 호숫가에 작은 오두막을 짓고 밭을 일구며 2년간 소
박한 자급자족의 생활을 했어요. 이때의 경험을 바탕으로 쓴 책
《월든》에는 숲에서 생활하며 느낀 대자연에 대한 예찬이 유려한
문장으로 표현되어 있죠. 자연을 동경하는 수많은 후대 사람들에

게 이 책은 여전히 필독서로 사랑받고 있어요.

도시생활자인 나는 아주 가끔, 언젠가 기회가 된다면 나만의 월든 호숫가에서 온갖 풀, 나무, 새들과 벗하고, 내가 먹을 채소를 직접 기르며 살아보고 싶다는 꿈을 꾸곤 했어요. 하지만 내가 사는 이 거대한 도시에서 소로가 누린 자연적인 삶을 기대하는 건 말도 안 되는 일이라고 지레 포기한 채 지내왔죠.

그런데 일본의 한 마을 주민들을 만나면서 조금씩 생각이 변하기 시작했어요. 여기서는 새들 곁에 보금자리를 만들고, 그 환경을 지키고자 긴 세월을 묵묵히 걸어온 이들의 이야기를 해보려고 해요.

페스탈로치의 노이호프를 닮은 마을

일본에는 학교 이름을 따서 만들어지는 마을들이 있어요. 학교의 설립이나 이전을 계기로 조성되는 이러한 지역을 '학원도시(學園都市)'라고 불러요. 다마가와학원지역은 일본의 대표적인 학원도시 중 하나로, 우리나라로 치면 경기도 어디쯤에 위치한 곳이에요.

1929년, 다마가와대학의 오바라 구니요시 학장은 페스탈로치의 노이호프를 닮은 마을을 만들겠다는 생각으로, (교육실천가 페스탈로치는 인도주의적·종교적으로 빈민 청소년을 교육해야겠다는 생각으로 노이호프라는 이름의 농민학교를 만들어 낮에는 농사를 짓고, 밤에는 공부를 하는 공동야학을 만들었어요.) 허허벌판이던 수도권 인근에 전철역을 유치하고 택지를 개발했어요.

개발 당시, 오바라 학장은 마을 만들기의 기본 규칙으로, '집을 지을 때 돌담을 사용하지 않을 것, 대문을 만들지 않을 것, 높이 90센티미터의 정원수를 조성할 것' 등의 조건을 내걸었어요. 까다로운 조건이었지만, 아름다운 경관을 만들고자 한 학장의 이념에 공감하는 교수, 화가, 음악가들이 이주해왔죠.

그로부터 90여 년이 지난 지금까지도 주민들은 조화로운 경관을 유지하기 위해 약속을 지켜왔어요. 면적 5.5헥타르에 이르는 광활한 가시노키야마 자연공원과 곳곳에 위치한 소규모 숲, 농지, 완만한 구릉지의 능선을 따라 위치한 저층의 단독주택, 맨션들은 소박하고 아름다운 경관을 자랑합니다. 꾸준히 이어져온 주민들의 실천 덕분에 오늘날 이곳은 자연과 마을이 한데 어우러진 교외 주택지로 명성이 높아요.

이 마을에서 수십 년간 거주하며 가시노키야마 자연공원을 가꾸는 시민모임을 이끌어온 이와가미 씨는 이렇게 말해요.

"사실 산비탈에 만들어진 동네라 오르막길이 많아서 나이 든 사람들이 살기에 편하지는 않아요. 운전을 해도 길이 좁아서 맞은편에서 차가 오면 이렇게 잠깐 서서 기다려야 하죠. 불편하긴 하지만 이 경사가 마을의 매력이에요. 이렇게 잠깐 차를 세울 때 동네 사람들 얼굴도 보고 인사도 하니까요. 그게 또 사는 재미 아니겠어요?"

그의 말대로 이곳은 생활의 편리함보다 숲이 우거진 교외의 여유로운 삶, 교육과 문화의 도시라는 자부심으로 터를 잡고 살아온 주민들이 만들어온 '특별한' 마을이에요. 이 특별함을 지키기 위해 주민들은 90여 년의 세월 동안 크고 작은 시민활동을 이어왔어요.

전철역 근처에 유해업소가 들어설 수 없도록 문교지구로 지정해달라는 주민청원운동도 있었고, 역 앞의 도로를 확장하기 위해 마을의 상징과도 같은 느티나무를 베겠다는 시 정책에 반대하는 느티나무 보전활동도 펼쳐졌죠. 대대로 이 마을 사람들에게 소중한 것은 경제적인 이익이 아니라, 자연과 문화였어요.

자연과 공존하는 마을을 지키기 위하여

그런데 2000년대 초반에 지역사회를 떠들썩하게 만든 사건이 발생했어요. 16층짜리 고층맨션 건설계획이 발표된 것이죠. 문제는 맨션 건설지 인근 숲에 마을 사람들이 자랑으로 여기는 천연기념물 참매의 서식지가 있다는 점이었어요.

주말마다 가시노키야마 자연공원에서 봉사활동을 하고, 동아리를 만들어 새들을 관찰하는 탐조활동을 하는 지역 주민들에게 거대한 맨션 건설은 숲의 환경을 파괴하는 것은 물론, 조화로운 지역 경관을 해치는 일이 분명했어요.

지역 주민들은 자연 생태계와 공존하는 마을의 환경을 지키

■ 다마가와학원지역 인근에 서식하는 일본의 천연기념물 참매

기 위해 고층맨션 반대운동을 시작했어요. 7년에 이르는 맹렬한 주민운동과 교섭 결과, 맨션은 처음 계획했던 것보다 낮은 10층으로 준공되었죠. 하지만 주민들이 우려했던 것처럼 참매는 더 이상 그 숲에서 새끼를 낳지 않았어요.

이후 주민들은 '다마가와학원지역의 경관을 지키는 모임'을 새롭게 만들어 마을 숲과 경관을 위한 공익 활동을 이어가기로 했습니다.

참매 서식지를 보호하려면

'다마가와학원지역의 경관을 지키는 모임'의 구성원들이 관여한 지역 내 건축·개발 사업 가운데 하나는 연구소였던 땅에 들어선 A대학 기숙사예요. 이 이야기는 고층맨션 반대운동이 마무리되어 갈 무렵, 가시노키야마 자연공원에 인접한 연구소가 해산을 발표하면서부터 시작됩니다.

주민들은 여러 번의 경험을 통해 건축·개발 사업에는 빠른 교섭이 중요하다는 사실을 알고 있었어요. 그래서 연구소 해산이 발표되자마자, 직접 연구소를 찾아가 토지를 매각할 경우 '지역의 환경을 배려하는 사업자를 선택할 것, 부지 안의 나무는 가능한 남길 것, 참매 서식지를 보호해줄 것' 등을 요청했죠. 지역사회의 구성원으로 주민들의 활동을 오랫동안 지켜봐왔던 연구소는 주민들의 요청을 계약조건에 넣어서 A대학에 토지를 매각했어요.

A대학은 이곳에 학생 기숙사를 짓되, 참매 서식지를 지키는 방향으로 설계할 것을 약속했습니다. 기숙사는 6층이었던 연구소 건물보다 훨씬 낮아진 지상 3층으로 건설되었고, 경지 안에 있던 기존의 나무들도 대부분 그대로 남겨졌어요. 건물 창문에는 새들의 충돌을 막기 위한 루버(가느다란 널빤지로 빗댄 창살)를 설치했고요.

사실 연구소도, A대학도, 주민들의 요청을 들어줄 법적인 의무가 있는 건 아니었어요. 그러나 이들은 고층맨션 반대운동 과정에서 주민들이 마을의 경관을 지키고자 얼마나 헌신적으로 노력했는지 지켜봐왔고, 그래서 더욱 주민들의 간곡한 요청을 외면할 수 없었다고 해요.

고층맨션 반대운동 당시, 주민들은 참매의 비행 루트를 관찰하여 법원에 제출했는데, 이 자료는 아마추어의 것이라고 보기는 어려울 만큼 전문적인 것이었어요. 지자체의 각종 환경 관련 조례를 공부하여 쓴 기록물들의 양은 실로 어마어마했어요. 이러한 학습과정을 마다하지 않으면서 주민들은 모두에게 이익이 되는 숲과 환경의 가치를 지키고자 노력해왔어요. 그 결과 연구소와 A대학 같은 토지소유자들을 설득할 수 있었죠.

환경교육은 학교에서만 이루어지는 것이 아니에요. 다마가와 지역의 사례처럼 일상 속에서, 내 삶터 가까이에서 이루어지는 환경교육이야말로 자기환경화(자신과 직접적으로 관련이 없는 환경에 대한 문제를 개인에게 의미 있는 자기환경으로 받아들여 관심 있는 태도를 가지고 적극적으로 반응하고 행동하게 만드는 것)를 위한 가장 좋은 교육이에요.

가까이에서
월든 호숫가를 찾다

자연과 함께하는 삶은 멀리에 있는 것이 아니에요. 마을의 숲과 경관의 아름다움을 많은 이들과 함께 공유하고, 참매의 서식지를 보호하기 위해 애써온 다마가와학원지역 주민들에게 월든 호수가는 바로 자기 마을이니까요.

우리는 가끔 소중한 것들에 너무 익숙해진 나머지, 그 존재 가치를 잊어버리곤 해요. 바로 자연이 그렇죠. 어떤 이들은 경제적인 논리를 앞세워 자연의 소중함을 외면하고, 더 큰 이윤을 쫓아 건물을 짓고, 다리를 놓고, 도로를 만듭니다. 도시의 아파트는 계속해서 높아지고, 발밑에서 아스팔트가 아닌 흙을 찾기가 어려운 실정이죠.

진정 소중한 것이 무엇인지 알고, 그것을 지키기 위해 행동하는 것. 가장 가까운 곳에서 만날 수 있는 자연의 가치를 깨닫는 것. 그것이야말로 지금 도시에 사는 우리에게 가장 필요한 환경학습이 아닐까요?

종차별주의를 넘어 공감하고 존중하기

2019. 5. 28   MEEJONG 791

■ 인간과 함께 살아가는 동물

동물복지교육 단체
'인간동물교육'

한 나라의 위대함과 도덕성은
그 나라 사람들이 동물을 대하는 태도로 판단할 수 있다.
－마하트마 간디

● ● ●

오늘날 우리의 일상은 우리가 의식하는 것보다 동물들과 훨씬 밀접하게 연결되어 있어요. 우리나라 반려동물 수가 1천만 마리가 넘으니, 다섯 가구 중 한 가구는 동물과 함께 사는 셈이죠.

디지털기기가 발달하면서 반려동물을 키우지 않는 사람들도 동영상을 통해 전세계 곳곳의 다양한 야생동물이나 반려동물들을 즐겨 만나고 있어요. 한편으로 동물들은 삼겹살과 치킨, 우유와 치즈, 털옷과 털이불 같은 필수 소비재들로 우리 삶을 늘 이롭게 하고 있죠.

동물에게도 권리가 있을까?
동물복지는 시대적 흐름

그렇다면 동물은 인간을 위해 존재하는 걸까요? 동물에게도 생존과 번영을 누릴 권리가 있을까요? 동물의 권리와 존재 의의에 대한 이런 질문들은 산업화로 경제 시스템이 극대화된 19세기부터 꾸준히 탐구되어온 주제예요.

철학자 피터 싱어는 《동물 해방》(1975)에서 "개나 돼지와 같은 동물들은 행복이나 고통을 느낄 정도로 신경계가 발달한 생물체로서 인간에 비해 열등하다고 볼 근거가 없다"는 주장으로 세계적인 반향을 일으켰어요. 이와 같은 윤리적 논의는 '불합리한 이유로 동물에게 고통이나 해를 가해서는 안 된다'는 동물권 사상으로, 서구에서 먼저 널리 퍼졌죠.

유럽연합은 1998년에 처음으로 동물복지 기준을 만들고 보장했어요. 2006년에는 가축사료에 항생제나 성장촉진제를 넣지 못하도록 했고, 2012년에는 산란계를 좁은 공간에 가두는 배터리 케이지 사육을 금지하는 법안을 통과시켰고요. 동물복지 정책을 마련하는 데 가장 적극적인 동물복지당은 독일, 네덜란드, 벨기에, 스페인, 포르투갈, 이탈리아에서 창당되었고, 지금도 각 국가와 유럽의회에서 활동하고 있어요.

특히 독일은 유럽에서도 동물복지 인식과 실천이 활발한 국가로 손꼽혀요. 지난 2002년에는 10년이 넘는 사회적 토론 끝에 헌법을 개정하여, '동물도 국민과 마찬가지로 국가가 보호해야 할 대상'임을 명시했어요. 동물의 권리를 헌법으로 보장한 나라는 전 세계에서 독일이 유일하죠. 이 법을 바탕으로 독일에서는 동물이 사람이나 물건이 아닌 제3의 지위를 지녀요. 반려동물 중 가장 수가 많은 개는 반려인을 통해 납세할 의무도 갖고 있죠.

게다가 많은 시민들은 공장식 축산에 반대하는 뜻에서 채식을 하고 야생동물이 서식하는 생태계에 악영향을 끼치는 기업들을 대상으로 소비자 불매운동을 펼쳐요. 시민들의 후원과 참여로 운영되는 유기동물보호단체가 전국에 550개 넘게 있고, 이들은 남유럽과 유럽연합 인근 국가까지 나가서 구조활동을 펼쳐요.

우리나라에서도 동물권을 기반으로 한 동물복지가 확대되고 있어요. 1991년에 처음으로 동물보호법이 제정되었고, 이 법을 근거로 해마다 동물학대 범죄에 대한 처벌이 강화되고 있어요. 유기동물을 입양하는 사람들도 늘고 있고요. 2012년에는 동물복지 축산 농장 인증제도가 도입되어서, 2019년 말 기준으로 전국에 262개의 인증 농장이 확인되었고, 그 수는 계속 늘고 있어요. 건강한 먹거리와 윤리적 소비 인식도 대중화되어서, 지난 10년 사이에 채식하는 인구가 10배로 늘었다고 해요. 현재 우리나라 채식 인구는 150만여 명에 이르죠. (Deep MininG 인사이트코리아 2020년 추정치)

공감하고 존중하기,
독일의 동물복지교육

인류사회가 제도·사회문화적으로 동물의 권리와 복지를 더 많이 보장하는 쪽으로 나아가도록 하는 원동력 중 하나는 교육이에요. 특히 동물과 자연에 대한 감수성이 예민한 어린이·청소년과 함께 하는 동물복지교육은 더불어 사는 지속가능한 미래를 적극적으로 그릴 수 있도록 해요.

'인간은 살아 있는 다른 생명체를 어떻게 대해야 할까?', '인간의 행위는 동물에게 어떤 영향을 미치고, 그 영향은 우리 사회와 지구 생태계에 어떤 결과를 낳나?', '더 나은 미래를 위해, 지금과는 다른 방식으로 동물과 관계 맺어야 하지 않을까?' 독일의 동물복지교육은 이런 질문을 품고 곳곳에서 자라나는 세대를 만나고 있어요.

독일 베를린의 '인간동물교육협회(Mensch Tier Bildung e.V.)'는 동물복지교육을 실천하는 대표적인 시민단체 중 하나예요. 동물 윤리 분야를 연구하는 윤리학자, 현직교사, 환경운동가 세 사람을 주축으로 2015년에 설립되었고, 지금까지 지역학교와 청소년 기관에 워크숍과 현장학습을 제공해왔어요.

이 단체는 동물복지를 관계의 관점에서 바라봐요. 식탁에 매일 올라오는 달걀과 '나' 사이에도 모종의 관계가 있다고 보는 거죠. 학생들은 동물이 고통을 느끼는 존재임을 배우고, 고통받는 환경에 있는 동물들의 현실을 공감하게 돼요. 한편으로는 새로 배운 지식과 감수성을 바탕으로 자신이 할 수 있는 실천방안을 찾아 나서죠.

■ 인간과 함께 살아가는 동물들

당원이 10만 명이 넘는, 독일에서 네 번째로 큰 녹색당은 포괄적인 환경주의를 주장해요. 또 어릴 때부터 이루어지는 동물복지교육의 중요성을 강조하죠. 유아기 때부터 '동물복지 감수성'이 길러져야 동물에게 고통을 가하는 사회 시스템을 비판할 수 있고, 또 변화를 촉구하는 어른으로 성장할 수 있다고 보는 거예요.

2015년 독일 남부 지역의 녹색당 사무소는 동물복지교육을 위한 구체적인 교안을 발표했어요. 그 내용을 보면, 유치원과 어린이집에서는 감수성과 공감능력 함양을 위해 실감나는 동물 모형과 사진, 시청각 자료를 활용하고, 나무로 된 장난감을 많이 활용하라고 제안해요. 초·중·고등학교에서는 주제를 좀 더 세분화하여 지식과 정보를 얻을 수 있는 수업을 진행하고, 논쟁의 여지가 있는 동물원과 서커스, 아쿠아리움의 동물에 대한 논의, 투견이나 투우, 낚시와 사냥, 생물유전자 조작을 주제로 한 토론식 수업을 하라고 제안하죠.

130년이 넘는 긴 역사를 가진 독일동물복지연합(16개 주 740여 개 지역 단체들로 구성되어 있어요.)에는 1년 과정의 동물복지 교사양성 과정이 있어요. 이곳의 교육생들은 교육학과 동물복지 이론에 바탕을 둔 1) 반려동물, 2) 학교와 배움, 3) 인간과 동물, 4) 야생동물과 이용동물(가축) 등의 세부 과목을 배워요. 그리고 이 내용을 바탕으로 다양한 사례와 실습·토론 수업을 설계하고 학습자료를 만들어요. 이렇게 양성된 전문가들은 초·중·고등학교에 파견되어, 다양한 현장학습을 통해 학생들이 동물복지를 직관적으로 이해하고 공감할 수 있도록 돕죠.

예를 들어, 저학년 대상 수업에서는 동물이 사육되는 곳과 같은 크기의 모형을 만들고 그 안에 들어가 보도록 해요. 밀집 사육이 동물에게 주는 스트레스를 직접 느껴보도록 하는 방법이에요. 청소년들에게는 동물복지 봉사활동을 주제로 경험담을 나누거나, 지역 동물보호소와 연계해서 축제나 모금활동을 직접 준비하도록 해요. 책임 있는 육류 소비 방법을 연구하는 연구소에 견학을 가기도 하죠.

동물복지교육,
환경교육이자 인성교육

동물복지교육은 야생동물의 서식지인 생태계를 보호해야 한다는 사실을 일깨우고 기후위기와 세계식량문제의 주범인 현대 축산업을 비판한다는 점에서 환경교육이며, 다른 생명체에 대한 공감과 배려를 강조한다는 점에서 인성교육이에요.

동물은 우리에게 먹을 것과 입을 것을 내어주는, 고통을 느낄 수 있는 존재예요. 이 사실을 알려주는 교육은 고통받는 환경에 있는 동물들에게 공감하도록 하고, 또 대상을 더 깊이 이해하고 존중하고 싶다는 배려심을 갖도록 해요. 그리고 이 마음은 크고 작은 실천과 행동의 변화를 이끌어내죠.

인간이 동물을 어떻게 대하는가는 폭력과 차별, 억압과 착취 같은 사회문제와도 관련이 있어요. 동물은 현대사회에서 스스로를 보호하고 대변하지 못하는 힘없는 소수자이기 때문이에요. 그러므로 동물의 삶을 개선시키려는 사회적 합의와 노력은 구성원들이 보다 자유롭고 평등하며 서로 존중하는 사회로 가는 발걸음이라고 할 수 있어요.

2020년 1월 대한민국 농림축산식품부가 발표한 〈2020-2024년 동물복지 종합계획〉에는 6대 분야에 걸친 다양한 정책 과제가 포함되었어요. 여기에는 동물등록제나 반려동물 영업(분양)규제, 유기동물 보호, 동물실험 규제강화 외에도 동물복지교육을 활성화한

■ 인간과 동물의 교감·소통

다는 내용이 분명하게 드러나 있어요. 이와 관련하여 서울시교육
청은 2018년 봄학기부터 초등학교에 동물복지교육을 도입했죠.

　아이들이 학교에서 일상적으로 동물복지수업을 듣고, 동물
친화적인 도서와 동물복지 문화콘텐츠가 각 학교나 지역 도서관
에 빠짐없이 비치된 모습, 학교 급식소와 매점에서 지역 유기농
먹거리와 저육류 식단을 쉽게 찾아볼 수 있는 미래가 우리 곁에
다가오고 있어요.

인간동물교육 엿보기

기후위기와 농축산업

- **대상 학년: 초등학교 고학년~중학생**
  - **기후위기가 미치는 영향:** 지구 곳곳에는 이미 기후위기로 일상이 영영 달라져버린 사람이나 생물들이 많다. 이들의 입장에서 쓰인 이야기를 읽고 기후위기의 심각성에 공감한다.
  - **기후위기와 온실가스:** 토론에 필요한 용어와 상식을 점검하는 시간. 쌍방향 수업을 통해 기후위기와 온실가스에 관련된 기본내용을 묻고 답한다.
  - **축산업과 기후위기:** 지구온난화와 축산업에는 어떤 연결고리가 있을까? 육우와 젖소를 생산하는 것이 왜 이산화탄소 배출의 주범일까? 조별로 지정 구역에서 미션을 수행하며 재미있게 수업내용을 익힌다.
  - **가축 사육환경:** 인간이 소비하는 동물들은 어떤 환경에서 자라고 있을까? 사육장은 동물에게 꼭 필요한 조건을 갖추고 있을까?
  - **변화를 위한 선택:** 지구온난화를 막기 위해 우리가 할 수 있는 일은 무엇일까? 학생들 각자가 일상에서 실천할 수 있는 방안들을 발표한다.

축산업을 통해 보는 인간과 동물의 관계

- **대상 학년: 고등학생**
  - **동물의 필요와 능력:** 소와 돼지, 인간의 공통점은 무엇일까? 인간과 동물이 근본적으로 필요로 하는 것에는 비슷한 점이 많다. 동물 윤리 및 복지의 바탕이 되는 철학을 생각해보도록 한다.
  - **축산업 팩트 체크:** 축산업과 관련된 기본 지식을 퀴즈 형식으로 풀어본다. 소를 방목하기 위해 숲을 목초지로 단일경작하면 무슨 일이 벌어질

까? 소나 돼지를 살찌우기 위해 어떤 방법이 사용될까? 동물은 어떤 먹이를 먹고 자랄까? 조를 나누어 배분받은 OX퀴즈 내용에 대해 토론하고, 어떤 답을 왜 골랐는지 발표한다.

• 공장형 밀집사육과 현대사회 구조: 인위적인 번식부터 도축까지, 오늘날 일반화된 동물 사육환경은 어떻게, 왜 만들어졌는지 알아본다. 고기나 우유, 치즈, 달걀이 생산되어 소비자의 식탁에 오르기까지의 유통구조와 관련된 제도·정책을 배운다. 조별 활동에서는 학생들이 축산업을 하는 농부, 정부, 소비자 등 관련된 행위자 역할을 맡아 토론하며 바람직한 변화와 대안은 무엇인지 고민해본다.

• 건강한 식단: 우리가 일상에서 소비하는 다양한 음식에 어떤 영양소가 있는지 살펴본다. 이로운 영양소라 하더라도 해가 되는 경우가 있다는 것을 알고, 특히 육식에서는 어떤 영양소를 얻을 수 있는지, 육식을 대체하는 다른 영양원은 무엇인지 배운다.

• 우리의 선택과 실천: 학생들 각자가 축산업에 대한 자신의 의견과 입장을 정리한다. 바뀌어야 할 점이 있는가? 개인이 할 수 있는 실천은 무엇인가? 다양한 의견을 토론과 포스터 발표 등을 통해 나눈다. 교사는 학생들이 낸 의견의 다양성을 인정하며 무엇이 옳고 그른지 평가하지 않는다.

■ 매년 유럽 각지에서 열리는 기후캠프

뜨거운 지구 열차를 멈추기 위해

기후행동을 위한 캠프

우리에게 희망보다 더 필요한 한 가지는 행동이다.
우리가 행동하기 시작하면, 희망은 어디에나 있다.

– 청소년 기후행동가 그레타 툰베리

● ● ●

북구의 뜨거운 태양이 내리쬐어 한낮의 기온이 섭씨 40도까지 오르는 서유럽의 7~8월 여름은 어떨까요? 도시 전체가 조용합니다. 많은 사람들이 비행기를 타고 이탈리아나 그리스, 스페인의 해안가나 동남아시아 호텔과 리조트에서 한가로운 시간을 보내기 때문이죠.

그런데 이 시기에 마을 공터에 수백 개의 크고 작은 텐트를 세우고, 열흘 동안 함께 먹고 자고 토론하며 춤추고 행진하는 사람들이 있습니다. 이동식 태양광 패널과 큰 수레를 매단 자전거들도 보이는 이곳은 바로 매년 여름 유럽 각지에서 열리는 기후행동을 위한 캠프(Camp for Climate Action, 이하 '기후 캠프'로 표기)의 현장입니다.

기후위기를 걱정하는 사람들의 색다른 여름휴가, 유럽 기후 캠프

기후 캠프는 2005년, 스코틀랜드 G8정상회담 당시 회의장 밖에서 집회를 벌이던 시민활동가들 사이에서 처음 논의되었어요. 그리고 이듬해에 영국에서 개최되었죠. 2009년 이후부터는 캐나다, 덴마크, 프랑스, 스위스, 아일랜드, 네덜란드, 벨기에, 웨일즈, 스코틀랜드와 호주로도 퍼져나가 매년 여름 곳곳에서 기후 캠프가 열리고 있어요. 독일에서는 여름마다 두세 곳에서 기후 캠프가 열리는데, 유럽에서 가장 규모가 큰 석탄 채굴장이 있는 독일 라인란트(Rhineland)에서는 2010년부터 매년 열리고 있어요.

기후 캠프는 석유, 천연가스, 석탄과 같은 화석연료 채굴장과 발전소, 혹은 온실가스 배출량이 많은 대규모 산업시설 주변에서 열려요. 온실가스 배출의 '주범'을 지목하고 화석연료로 인한 기후문제 해결이 시급하다고 주장하기 위해서죠. 기후 캠프 참가자들은 쳇바퀴 같은 성장·개발 중심 사회에서 벗어나 탄소제로 사회로 가기 위한 구체적인 실천 방법과 사례를 다양한 예술공연, 놀이와 워크숍을 통해 서로 나누기도 해요.

무엇이 친환경적인 생활양식인지 잘 알면서도 일상의 관성에 떠밀려 실천에 옮기지 못하고, 기후위기의 주범이라 할 수 있는 현재의 정치·경제 시스템에 항의하고 싶지만 혼자서는 엄두를 내지 못하는 사람들이 캠프로 모여듭니다. '다른 내일'을 오늘 현실에서 직접 만들자는 뜻에서죠. 기후 캠프는 많은 사람의 용기와 열정으로 만들어진 기후운동이자 민주주의 공동체 활동이에요.

탄소발자국을 최소화하는 에코빌리지

기후 캠프의 가장 중요한 원칙은 '에코빌리지(Ecovillage)'로, 공동체 모든 부문에서 탄소발자국을 최소화하는 것입니다.

캠핑장에 필요한 전력(조명, 무대 음향기기, 노트북과 휴대전화)은 3킬로와트 이동식 태양광 패널로 100퍼센트 자급해요. 소형 풍력발전기가 동원되기도 하죠. 캠핑장 중앙에 무대를 설치할 때는 가까운 공사장에서 나온 폐자재를 활용하고, 18개의 생분해 화장실을 짓고 참가자들이 돌아가며 관리합니다. 페달을 돌려서 세탁할 수 있는 기구와 폐수 정화 시스템도 갖춰요. 요리할 때 사용한 기름을 정제해서 바이오디젤 연료를 만들 정도로 재활용과 재사용은 물론, 쓰레기 발생을 최소화해요.

모든 식단은 채식이에요. 식자재들의 이동거리를 최소화하기 위해서 해당 지역의 유기 농산물을 사용하고, 3개의 공동주방설비를 만들어서 참가자들이 함께 요리를 합니다. 캠프에 올 때는 자전거나 대중교통을 이용하는 것이 원칙이고요. 그래서 참가자들은 삼삼오오 모여 자전거 투어 모임을 만들기도 합니다. 참가자들은 각자 캠핑장비를 챙겨와야 하고, 생분해성(bio-degradable)

■ 에코빌리지의 한켠, 서울시 에너지자립마을

세면용품만 써야 해요. 주변 지역에 오염물질이나 플라스틱 쓰레기를 배출하지 않기 위해서죠.

　캠프 생활공간에 필요한 태양열 오븐, 이동식 소형 태양광 패널 등은 DIY(Do It Yourself) 원칙으로 적은 비용을 들여서 만들어요. 때문에 참가자들은 일상에 돌아가서도 비슷한 생활을 계속 실천하면서 주변에 전파할 수 있죠.

　기후 캠프는 풀뿌리 민주주의와 자급자족의 정신을 바탕으로 하기 때문에 참가자와 운영자의 구분이 없어요. 캠프는 참가한 모든 사람들의 자발적인 책임 분담과 참여로 운영되죠. 각자 맡은 개별적인 역할은 있지만 정해진 위계나 중앙집권적인 운영단체가 따로 없는 거예요. 캠프에 함께하는 사람은 경제 형편에 따라 매일 0~5유로를 경비에 보태고, 노동력이 들어가는 각종 설비

■ 그레타 툰베리는 기후위기의 심각성을 알리고자
   매주 금요일 등교를 거부하고 일인시위에 나섰다.

운영이나 청소, 요리는 나누어 맡습니다.

지금 당장, 여기서
새로운 사회를 실천하는 사람들

기후변화에 위기감을 느낀 이들은 '이제 우리에게 남은 시간이 없
다'면서 '지금 당장'의 급진적인 변화를 요구하기 시작했습니다. 등
교를 거부하고 거리로 나서 '미래를 위한 금요일(Friday for Future)'
운동을 전세계로 퍼뜨린 그레타 툰베리(Greta Turnberg)처럼요.

　　2006년 8월 31일, 잉글랜드의 드락스(Drax) 석탄 발전소 앞에
는 600여 명이 '권력을 되찾자(Reclaim Power)'는 구호를 걸고 시위
에 나섰습니다. 이들의 목표는 발전소 가동 중단이었어요. 드락스

발전소는 영국 전체 전기 공급량의 7퍼센트를 충당하는 곳으로, 4000메가와트의 전기를 생산해요. 하지만 영국에서 이산화탄소 배출량이 가장 많은 발전소로 꼽히죠. 2005년 한 해에만 2000톤이 넘는 이산화탄소를 배출했는데, 이는 스웨덴 전체의 이산화탄소 배출량보다 많은 수치라고 해요.

독일에도 기후 캠프의 참여와 지지로 이어져온 시민 불복종 기후 행동이 있어요. 바로 해외 언론에도 널리 소개된 '여기서 그만(Ende Gelände, 엔데 갤랜데)' 운동이에요. 화석연료에 반대하는 시민 불복종운동으로 세계 최대 규모인데, 많은 참가자가 기후 캠프의 구성원이기도 합니다. 올해도 그중 6000명이 채석장으로 향했고, 그 옆에서는 8000명이 모여 '미래를 위한 금요일(Friday for Future)' 시위로 연대했어요. 유럽에서 점점 더 많은 시민들이 기후 행동에 직접 나서고 있다는 증거죠.

기후위기는 단순한 환경문제가 아닙니다. 기후위기는 오늘날 현대사회의 구조적인 문제가 모여서 나타난 총체적인 증상이자 인류사회의 지속가능성을 위협하는 재앙이에요. 달리는 기차와 같은 기후위기를 멈추기 위해서는 기차를 처음 달리게 했을 때보다 더 큰 의지와 지혜, 그리고 단결력이 요구될 거예요. 기후 캠프와 같이 지금, 당장, 여기서 새로운 사회를 실천하는 사람들의 용기를 본받아, 우리도 다가오는 여름에는 지역사회에서 각자의 기후 캠프를 열어보는 것이 어떨까요?

둘째 마당

공평과 정의

기후위기 최전선에 선 여성들

■ 솔라시스터의 여성 엠파워먼트 활동

| 캄보디아, 수단 |

여성 엠파워먼트 프로젝트

여성들에게 힘을 주는 것은

그 나라에 힘을 주는 것과 같다. 그 어떤 가정도, 사회도, 국가도

그렇게 하지 않고서는 앞으로 나아가지 못했다.

- 인도 정치인 라빈핏나익

• • •

서유럽의 산업화가 한창이던 19세기 말의 여성참정권운동부터 2017년 미국 할리우드에서 퍼져나간 '#미투운동'까지, 여성이 남성과 동등한 법적·제도적 권리를 누리고 부당한 폭력에서 벗어나도록 하기 위한 사회운동은 오랜 세월 동안 계속되었어요.

1948년에 발표된 세계인권선언은 차별 없는 평등을 천명했지만, 세계경제포럼(WEF)은 2019년에 각국의 젠더평등지수를 담은 '세계 젠더 격차 보고서(Global Gender Gap Report)'를 발표하면서 젠더 격차를 해소하기 위해서는 앞으로 100여 년의 시간이 더 필요

하다고 전망했습니다.

세계경제포럼(WEF)이 발표한 보고서에서 대한민국은 144개국 가운데 118위를 차지했어요. 이는 사회취약계층에 있는 여성과 이들이 돌보는 노약자들의 필요가 반영된 정책개발, 사회 소수자를 의사결정과정에 더 많이 포함시키는 제도개혁이 지금 우리에게 꼭 필요하다는 메시지라고 할 수 있죠.

여기 또 하나 불편한 진실이 있어요. 기후위기로 인한 재난(가뭄, 홍수, 태풍, 산사태 등)에 가장 큰 피해를 입는 사람들이 바로 여성과 여자아이들이라는 사실이에요. 저개발국의 한 마을에서 홍수나 산사태가 일어나면 가사도우미나 가내수공업자, 소농으로 일하던 여성들은 한순간에 집과 일자리를 모두 잃고 기후난민이 돼요. 많은 여성들이 망가지기 쉬운 임시주거지에 살면서 저임금·비공식 노동으로 생계를 이어가기 때문이에요.

교육에서 소외된 여성들은 문맹률도 높아서 재난보조금이나 긴급구호 혜택을 받는 데 어려움을 겪곤 합니다. 국제이주기구(IOM)가 2012~2015년에 발표한 보고서에 따르면, 2015년 10월 26일에 아프가니스탄에서 진도 7.5규모의 힌두쿠시 지진이 일어났을 때 피해자의 70퍼센트는 여성과 여자아이들이었어요. 국제구호단체 옥스팜은 2004년 인도양에서 일어난 쓰나미로 인도 남부와 스리랑카에서 발생한 사상자 25만여 명 중 70퍼센트가 여성이라는 보고서를 발표했죠.

젠더 불평등을 개선하지 않는다면, 세상의 절반인 여성들은 기후위기가 심화될수록 더 큰 고난과 불행을 겪을 것이 분명해요. 우리가 꿈꾸는 '지속가능한 사회'의 모습과는 동떨어진 현실이죠.

젠더 격차는 저개발국가에서 더욱 뚜렷하기 때문에 국제 개발·협력 분야에서는 그동안 지속가능발전목표(SDGs) 가운데 하나인 젠더 평등을 중요한 과제로 삼고 다양한 활동을 펼쳐왔어요. 개발협력전문가들은 젠더 평등을 보다 빨리 이루기 위해 '여성들을 직접 지원하고 여성의 직접 참여를 바탕으로 하는 프로젝트'들을 내놓기 시작했습니다. 여성을 대상으로 생활을 개선하는 데꼭 필요한 교육을 제공하고, 교육받은 여성들은 여기서 얻은 노하우를 지역 여성과 아이들에게 전파하는, 교육에서 소외되어온여성을 중심으로 한 교육 희망 프로젝트를 시작한 거예요.

여성에게 힘을 불어넣다
여성 엠파워먼트 프로젝트

여성들은 집안에서나 지역사회에서 돌봄을 베푸는 역할을 하며넓은 인적 네트워크를 구축해왔습니다. 기후위기가 삶의 터전에 끼치는 영향을 구체적으로 체감하며 관련 지식들을 쌓았고, 지역의 지리문화적 특성들을 잘 알고 이를 이용해왔어요.

여성 엠파워먼트 프로젝트는 이런 여성들을 지역 리더, 변화의 주역이 될 잠재력을 갖춘 존재로 바라봅니다. 여성들에게 기후위기에 관한 전문지식과 기술을 교육하고, '기후위기에 맞서는 전사'가 되도록 지원하죠. 이는 우리 사회가 지향하는 지역 기반의 기후위기행동과 지속가능한 개발과도 맞닿아 있는 전략이에요. 세계 곳곳에서 성공 사례들이 보고되고 있기도 하죠.

캄보디아 시골 마을의 기적

유엔환경계획(UNEP)이 제작한 애니메이션 〈다른 해법-여성에게 힘을 불어넣다(#SolveDifferent-Empower Women)〉는 캄보디아 시골 여성 솝힙의 실제 이야기예요.

솝힙은 또래 남자들이 도시에서 학교나 직장에 다닐 때, 고향에 남아 가족과 가축을 돌보고 가내수공업으로 옷감을 만들며 생계를 이어왔어요. 엄마나 할머니가 그랬듯이, 매일 고되게 일했지만 가난에서 벗어날 수는 없었죠. 요리할 때 화덕에서 나오는 연기 때문에 아이의 기침이 끊이지 않았지만, 솝힙에게는 다른 방법이 없었어요.

어느 날, 재생에너지업체의 지원으로 솝힙의 집에 소똥을 태워서 에너지를 얻는 바이오가스 파이프가 설치되자, 솝힙의 생활은 극적으로 나아졌어요. 땔감을 모으느라 많은 시간을 들이지 않아도 되었고, 요리 시간도 단축되었죠. 그러자 수공예품을 더 만들어 팔 수 있는 시간도, 마을의 아픈 사람들을 돌볼 여유도 생겼어요. 솝힙은 자신의 경험을 마을 사람들과 공유했고, 이전까지 나무 땔감을 쓰던 마을 사람들 대부분이 바이오가스를 쓰

■ 〈다른 해법–여성에게 힘을 불어넣다〉의 한 장면

기 시작했어요. 지금 이 마을 사람들의 삶은 더 윤택해졌으며 또 친환경적으로 바뀌었죠.

솝힙의 이야기는 교육이 여성이 가진 지역 네트워크를 통해 마을 전체를 변환시킨 사례예요.

농부로 변신한 수단의 슈퍼우먼들

아프리카 수단의 알라하드 지역에 사는 여성 하와 압둘라는 아침마다 트랙터에 올라 밭에 씨를 뿌려요. 지역의 기후가 달라지면서 농사에서 얻는 수익이 점점 불안정해지자 남성들이 일자리를 찾아 도시로 떠났기 때문이에요. 마을에 남은 여성들은 압둘라처럼 기후위기와 사회적 갈등의 최전선에서 남성의 몫까지 농사일을 감당하게 되었죠.

유엔환경여성개발계획은 농사에 대한 사전지식이나 경험이

부족한 여성들을 위해 2017년부터 지속가능한 농법, 자연자원관리, 그리고 갈등조정과 관련된 교육을 제공하기 시작했어요. 시행착오를 겪던 여성들은 유엔에서 제공하는 훈련 프로그램 덕분에 지역특산물인 아라비아 고무를 안정적으로 재배하는 방법, 토지관리기관과 협의해서 경작할 땅을 이웃과 나누는 방법 등을 하나씩 배울 수 있었죠.

교육의 결과, 여성들이 농사에서 얻는 수확물이 많아졌을 뿐만 아니라, 유목민과 농민 여성들이 연대하면서 지역의 자연자원을 활용하는 방법이 논의되는 등, 여러 방면에서 긍정적인 효과를 거둘 수 있었어요.

수단 알라하드 지역의 여성들은 여기서 더 나아가 정부기관과 협력하여 나무심기에 도전했어요. 이들이 다음 세대와 자연생태계를 위해 심은 6000그루의 나무는 훗날 우리의 지구를 단단하게 떠받치는 바탕이 될 거예요.

에너지전환, 여성인권보장, 여성자립을 이룬 솔라시스터

인도 틸로니아에 있는 베어풋대학교는 수백 명의 여성들을 모집해서 6개월 동안 태양에너지 엔지니어링 교육을 제공했습니다. 국제기구와 지역NGO 간 파트너십을 통해 탄자니아의 문맹 여성들도 교육을 수료하고 엔지니어가 된 것이죠. 그리고 여기에 영감을 받아 '솔라시스터(Solar Sister)'라는 단체가 만들어졌어요.

솔라시스터는 2010년부터 아프리카 여러 지역에서 여성들에게 등·유램프를 태양전구로 바꾸는 교육을 제공해왔어요. 그 결과, 2019년 기준으로 4000여 명의 여성들이 태양전구를 설치하고 판매하는 창업가로 성장했습니다. 그리고 이 과정에서 시골마을은 물론, 전기공급이 원활하지 않은 도시 지역의 150만 가구가 혜택을 보았어요. 대규모 화력발전소도 하지 못한 일을 소규모 단체가 해낸 것이죠.

솔라시스터는 소규모 개별 태양에너지 시스템을 소외된 지역에까지 보급하고, 지역민들이 직접 관리하도록 함으로써 지속가능성뿐만 아니라 지역 에너지 자립도를 높였어요. 이 시스템은 주민들이 공동체를 직접 통치하는 풀뿌리 민주주의와도 맞닿아 있어서, 여성들의 인권보장과 자립 또한 가능해졌습니다. 일석삼조의 효과를 거둔 셈이죠.

여성 엠파워먼트 프로젝트의 성과들은 어려운 상황 속에서도 포기하지 않고 적극적으로 배우고 실천하며 현실을 바꿔나가는 여성들의 모습을 보여줘요. 이들이 자신의 장점을 200퍼센트 발휘할 수 있었던 저력은 바로 균등한 교육 기회 제공과 교육의 힘에 있었죠.

캄보디아와 수단의 교육에서 소외된 여성들을 대상으로 하는 교육 사례들은 100년보다 훨씬 짧은 기간 안에 젠더 불평등이 해소되도록 이끄는 희망이 되고 있어요.

■ 엔카니니 마을

환경이 불평등이 되지 않도록

2020 MEEJEONG

엔카니니 마을 프로젝트

우리가 부분이라고 말하는 것은
서로 뗄 수 없는 관계의 그물 속 하나의 모양새일 뿐이다.
따라서 부분에서 전체로 관점을 바꾼다는 것은
개체에서 관계성으로 관점을 바꾼다는 것이다.
—프리초프 카프라,《생명의 그물》중에서

● ● ●

대기오염이 심한 도시에는 미세먼지 농도가 치솟는 날에도 보호 장비 없이 외부활동을 이어갈 수밖에 없는 노동자들이 있습니다. 극심한 폭염에도 땡볕 아래에서 일할 수밖에 없는 사람들과 기본적인 단열재조차 없는 집에서 극한 추위를 견뎌야 하는 사람들이 있습니다. 낯선 코로나 바이러스가 창궐해 모두가 집 안에 머물러야 할 때도 폐지를 주우러 거리로 나와야 하는 사람들이 있습니다. 하루하루 살아내기도 벅찬 이들에게 환경문제를 논하는 건 사치가 아니냐고 따지는 사람들이 있습니다.

　그러나 조금만 주의를 기울이면, 이상기후로 해마다 위력이 강해지는 태풍, 홍수, 폭염, 해일에 가장 오랜 기간 가장 큰 피해를 입는 사람들은 언제나 그 사회의 가장 약한 이들이라는 사실을 알 수 있어요.

　때문에 사회적 취약계층은 환경파괴의 문제점과 위험성에 대해 누구보다도 더 잘 알아야 하며, 이에 대비해서 자기자신을 지킬 수 있는 능력을 갖춰야 하죠. 중장기적으로 보면 이들에게 가장 필요한 것은 미래전망을 가지고 앞으로 다가올 변화를 고려하여 가난을 극복할 기회를 모색하는 능력일 거예요.

　환경보호를 실천하고, 보다 인간적인 노동환경을 만들고, 우리 가운데 가장 약한 이들을 우선적으로 배려하는 방법을 찾는 일. 이것이 공평과 정의를 위한 환경교육이 필요한 이유랍니다.

〈기생충〉은 기후재난 영화다?

2020년 2월 제92회 미국 아카데미 시상식에서 우리나라 봉준호 감독의 영화 〈기생충〉이 비영어권 영화로는 최초로 작품상을 받는 쾌거를 이루었어요. 이와 관련하여 미국의 한 기자는 〈기생충〉이 오스카상을 받은 첫 번째 기후재난 영화로 기록되어야 한다고 썼어요. 기후위기로 인한 폭염과 홍수는 서서히 일상에 파고들어 사회의 여러가지 부조리를 여실히 드러내는데, 영화 속 기택네와 박사장네처럼 어느 사회에나 가난한 사람들이 그 피해를 누구보다 많이 받는다는 이유에서였죠.

모잠비크, 나미비아, 남아프리카공화국, 잠비아, 짐바브웨 등 16개국이 위치한 남부 아프리카는 약 3억 5천만 인구의 절반 이상이 빈곤층이에요. 이곳은 아프리카에서도 불평등지수가 가장 높은 곳으로 꼽히죠. 특히 가난, 인종차별, 도시와 농촌 간의 격차, 남녀차별 등 여러가지 사회문제 탓에 제대로 된 교육을 받지 못하는 사람들이 많아요.

남아프리카공화국은 이중에서 가장 부유한 나라로 꼽히지만, 1948년부터 1991년까지 무려 43년 동안 지속된 아파르트헤이트 (지독한 인종차별 정책)의 영향 때문에 지금까지도 극심한 사회경제적 불평등이 해소되지 않고 있어요. 전체 인구의 9퍼센트에 불과한 백인들이 전체 농지의 72퍼센트를 소유하고, 전체 인구의 80퍼센트에 이르는 흑인들의 평균소득은 백인 평균소득의 5분 1에 불과하죠. 1994년에 넬슨 만델라가 대통령이 된 이후 흑인 지도자들이 꾸준히 나라를 이끌고 있지만, 구조적인 불평등 문제를 바꾸는 데는 어려움을 겪고 있어요.

남아프리카공화국의 케이프타운은 바로 이러한 불평등, 인종차별로 인한 빈부격차가 가장 극명하게 나타나는 곳이에요. 빠르게 도시화가 진행되면서 부유한 서부 케이프는 더욱 부유해진 반면, 가난한 이들은 동부 케이프의 판자촌으로 몰려들고 있기 때문이죠. 그 가운데 남부 아프리카 최대 임시거주시설인 엔카니니 (Enkanini) 마을이 있어요.

■ 엔카니니 마을. 태양광 발전을 하는 모습이 보인다.

엔카니니 마을을 바꾼
'아이샥'과 '워터 허슬러' 프로젝트

케이프타운에 위치한 스텔렌보스대학 연구자들은 엔카니니 마을에 실질적으로 도움이 되는 일이 무엇일까 고민했습니다. 그리고 탄생한 것이 햇빛이 풍부한 지역의 특성과 친환경 기술을 접목한 아이샥(i-Shack) 프로젝트였어요. (Shack은 판자집을 뜻해요.) 판자집 지붕에서 태양광 발전을 하여 그간 스텔렌보스시 전기공급망에서 빠져 있던 1400여 가정도 전기를 쓸 수 있게 되었죠.

　이 과정에서 특히 주목할 점은 엔카니니 마을 주민들이 '공동 연구자'로 참여해 사업을 추진했다는 데 있어요. 연구자들은 '외부 전문가'를 데려오는 대신, 적극적인 마을 주민들을 설득하고 교육하여 직접 사업을 끌어갈 수 있도록 지원했어요.

연구자들은 왜 태양광 발전이 필요한지, 지속가능한 생활환경을 어떻게 만들 수 있을지 함께 공부하는 모임을 만들고 주민들을 한 명씩 설득해나갔어요. 사업에 참여하는 주민들을 시혜적 사업의 '수혜자'로 보지 않고 '고객'으로 여기며 사업을 키워갈 수 있는 안정성과 자생력을 키웠죠.

여기에 더해 전세계적으로 자선사업을 펼치는 빌앤멜린다 게이츠 재단이 아이샥 프로젝트를 지원하기로 결정하면서, 엔카니니 마을은 한층 안정적인 발전을 꾀할 수 있었어요.

마을의 공동연구자로 참여해온 청년들은 물문제에도 주목했어요. 아직까지는 지역의 비교적 풍부한 물을 사용하고 있었지만 문제는 인근 지역 농장들이 물부족을 겪기 시작했다는 점이었죠. 엔카니니 마을의 인구는 점점 늘어나는데 저마다 물을 필요 이상으로 많이 사용하다 보니, 농장주들과 마을 사람들의 갈등은 나날이 심각해졌어요.

엔카니니 마을의 한 자매는 '우리의 문제를 해결하기 위해 우리 스스로 무언가를 해야 한다'고 생각했어요. 자매는 아이샥 프로젝트를 진행하면서 배운 환경문제와 학교에서 배운 물부족 문제를 떠올렸고, 주변 사람들과 힘을 모아 '워터 허슬러(Water Hustlers)'라는 물절약 프로젝트를 시작했어요.

자매는 다른 공동연구자들과 함께 집집마다 찾아다니며 물절약이 왜 중요한지, 우리가 물을 낭비하면 주변 지역 사람들이 어떤 영향을 받는지 설명했어요. 설문조사를 하고 의견을 모으는 과정이 반복되면서 조금씩 마을 사람들의 인식이 변화하기 시작했어요. 물을 틀어놓고 빨래하던 모습도 줄어들었고요. 마을 사람들은 힘을 모아 생활하수를 공중 화장실 변기물로 사용하는 시설을 만들었고, 물 저장탱크를 마을 곳곳에 보급하고, 빗물을 저장하는 물 저금통을 만들어서 보다 안정적으로 물을 쓸 수 있는 환경을 만들었어요.

생존과 자립을 위한
공교육망 밖의 환경교육

엔카니니 마을 주민들은 일주일에 한 번 물물교환 장터를 열어서 고물을 채소, 생필품 등과 바꿔요. 마을 가까이에 위치한 초등학교 매점에서는 학생들이 고물을 가져오면 책이나 문구류와 교환해 주죠. 이 모두가 마을 한켠에 쌓여가는 쓰레기 문제를 해결하는 동시에 소득원을 찾기 위해서 마을 주민들이 직접 마련한 사업들이에요.

© Julie Saito

■ 엔카니니 마을의 모습. 개천을 따라 쓰레기가 곳곳에 버려져 있다.

엔카니니 마을이 변화할 수 있었던 가장 큰 원동력은 교육을 통해 역량을 키우고 자극을 받은 마을 청년들의 노력이었어요. 지역 대학의 연구자들이 제공한 교육과 기술을 바탕으로, 마을 청년들이 기본권으로서의 환경권을 인식하고, 마을의 환경문제에 관해 공부해서 마을 사람들을 설득하는 창의적인 방식으로 사업을 구상하고 추진했기 때문이었죠. 일종의 '공교육망 밖(off-grid)의 환경교육'이라고 할 수 있어요.

엔카니니 마을 주민들은 이제 "정부가 환경교육을 제대로 받을 차례"라고 말해요. 가난한 임시거주시설 주민들에게도 인간의 기본권리로서의 환경권을 보장하고, 판자촌 지붕 위 태양광 발전처럼 스스로 자립해갈 수 있는 기반을 지원해야 한다고 주장하죠. 기후위기로 인한 재해·재난에 대비하는 동시에 모두가 지속가능하게 자원을 활용할 수 있는 정의롭고 공평한 사회를 만드는데 이제 정부가 앞장서야 한다는 요구죠.

모두가 생명의 그물 하나로 연결되어 있다

2018년 봄, 케이프타운에 극심한 물부족 사태가 일어났어요. 수년간 이어져온 가뭄으로 댐이 바닥을 드러내면서 물 공급이 중단되고 1인당 하루 25리터씩 물 배급제가 실시되었죠. 수년간의 우려가 현실이 되었을 때, 케이프타운 인구 중 20퍼센트 이상이 거주하는 엔카니니 마을은 전체 물 배급량의 3퍼센트 정도밖에 받지 못했어요. 환경위기 속에서 사회적 불평등이 민낯을 드러낸 것이죠.

　환경은 환경만의 문제가 아니에요. 이는 경제적 불평등의 문제이자 정치적인 문제죠. 그리고 이러한 차별과 분노는 사회적 불안을 증폭시켜 모두의 문제가 됩니다. 이는 환경교육이 생명, 생태뿐만 아니라 공평, 정의, 책임의 가치를 아우르는 모두를 위한 환경교육, 지속가능발전교육으로 발전해온 이유이기도 해요.

　쓰나미, 태풍, 폭염, 대기오염과 미세먼지, 바이러스, 물, 그리고 이를 둘러싼 불평등과 부조리, 갈등이 일상이 되어가는 요즘, 우리 모두가 생명의 그물 하나로 연결되어 있다는 사실을 다시 한번 생각해봤으면 해요. 우리 모두가 하나로 연결되어 있음을, 그물에 방울방울 맺힌 이슬방울들처럼 그물 어느 한 곳에서 파장이 생기면 우리 모두 후두둑 함께 떨어질 수 있음을 깨달아야해요. 그리고 공평하고 정의로운 사회를 위해 함께 분노하고 함께 연대해야 하죠.

2020 MEEJEONG

■ 쿠바 농장

| 쿠바 |

모두를 위한 교육

지구와의 관계에서 씨앗은 자신의 분리성, 자의식,

개인성, 이기심을 버린다. 그리고 씨앗은 지구와 하나됨을 받아들인다.

그렇게 함으로써 씨앗의 내면에 감춰진 힘이 활짝 열리고

기적처럼 초록빛 새싹이 돋아나는 것을 볼 수 있다.

－사티쉬 쿠마르,《그대가 있어 내가 있다》중에서

● ● ●

1960년대에 미국은 쿠바에 대한 경제봉쇄를 결정했습니다. 그리고 아주 오랫동안 쿠바는 반강제적으로 지극히 적은 양의 자원으로 살아야 했어요. 전세계 대부분의 지역이 휘황찬란한 소비사회로 발전한 지난 50여 년간 고립된 특수지역으로 살아오며, 쿠바의 전통은 어떻게 뿌리내려 왔을까요?

특수한 경제상황 탓에 쿠바 사람들은 활용가능한 자원을 중심으로 자급자족하는 생활방식을 고안해냈습니다. 교육도 다르지

않아서, 쿠바에서는 초등학교 때부터 자기 주변의 자원을 고치고 재활용하고 새로운 것을 만드는 기술교육을 체계적으로 가르쳐요.

예를 들어, 학교에서는 자동차의 기본원리와 자동차를 유지하고 관리하는 방법 등을 가르치고, 관련 업계에 종사하는 지역 주민들과 학부모는 아이들에게 실질적인 도움이 되는 체험활동을 지원하죠. 덕분에 쿠바의 거리에는 4, 50년대에 미국 등지에서 유행하던 뷰익, 포드와 같은 클래식 자동차가 즐비합니다. 쿠바 사람들은 누구나 자동차를 오랫동안 안전하게 사용할 수 있는 방법을 학교에서 배운 그대로 실천하기 때문이에요.

쿠바의 경험은 우리에게 지속가능한 생활방식으로의 전환을 위해서는 가치관의 변화뿐만 아니라, 일정한 수준 이상의 실용적인 기술 또한 갖추어야 한다는 사실을 말해주고 있어요.

모두를 위한 교육

국제사회에서 인정받는 대표적인 쿠바의 교육정책은 '문맹퇴치 캠페인(Campaña Nacional de Alfabetización)'이라고 불리는 국민들의 기초교육입니다.

쿠바는 혁명 후 정부의 주요과제 중 하나로 국민 모두가 읽고 쓸 수 있어야 한다는 목표를 정했어요. 1961년을 '교육의 해'로 정하고 열정을 가진 교사와 자원봉사자들을 시골 마을 곳곳으로 보내서 교육을 시작했죠. 학교가 없으면 마을 주민들과 힘을 모아 학교를 짓고 사정이 어려우면 빈 공간을 활용하여 공부방 형태의 교육을 운영했어요. (이런 모습들은 한국전쟁 후 학교를 마을 공동체의 중심으로 키워나간 우리나라와 꼭 닮아 있습니다.) 그 결과, 쿠바는 불과 1년 만에 읽고 쓸 수 있는 국민 비율이 60퍼센트대에서 96퍼센트로 올라 세계 최고 수준이 되었어요.

쿠바에서는 학교가 마을 공동체의 중심이 되어서 지역사회 발전을 이끌어왔어요. 그리고 교육을 통해 지속가능한 사회로 발전하고 있죠. 이 과정에서 축적된 교사의 역량과 자부심은 지금까지 쿠바의 '모두를 위한 교육'을 이끌어가는 원동력이 되고 있어요. 최근에는 쿠바의 문해교육연구소가 실시한 프로그램이 아이티, 니카라과, 에콰도르 등 15개국의 문해교육에 기여한 점을 인정받아 〈유네스코 세종대왕 문해상〉을 수상하기도 했습니다.

쿠바는 개발도상국 중에서도 교육정책을 가장 적극적으로 추진하는 국가 중 하나예요. 경제난이 심화되던 1990년대 중반에도 쿠바는 교사당 학생수를 줄이는 노력을 계속해왔어요. 그 결과 현재 쿠바에서는 교사 한 명이 20~25명의 학생을 가르치고 있어요. 오늘날에도 쿠바는 국가예산의 23퍼센트, GDP의 10퍼센트를 교육에 투자할 만큼 교육을 중시하는 국가정책을 펴고 있어서, 전 국민의 90퍼센트 이상이 중등교육을 수료합니다.

유네스코 학교이기도 한 코만단트 비나레스(Comandante Pinares) 초등학교의 교사는 쿠바의 학교교육 철학이 더불어 함께 사는 연대의식이라고 설명해요. 개개인의 경제적인 성공보다 사회 전체의 발전에 무게중심이 실려 있다는 것이죠.

■ 코만단트 비나레스 초등학교 수업 모습

　일례로, 해안에 위치한 코만단트 비나레스 초등학교에서는 지역의 전통어업 방식을 체험하는 수업과 함께 기후위기가 가져온 주변 생태계의 변화를 관찰하고, 재해·재난에 대비하여 나뭇가지 등으로 대피소를 만들고 별자리로 길을 찾아오는 등의 실용적인 생활기술을 가르쳐요. 여럿이 함께하는 체험활동을 통해 공동체 의식과 연대의 가치를 전달하고, 동시에 미래에 필요한 실용적인 생활기술을 가르치는 것이죠.

　이것은 오늘날 국제사회가 모색하고 있는 '더불어 사는 학습(Learning to live together)' 교육, 함께 잘사는 사회적 연대를 꾀하는 흐름과 맞닿은 활동이에요.

휴대전화만큼 인기 있는 농업교육

쿠바는 지리적인 특성상 자연재해나 해수면 상승과 같은 기후변화의 영향을 많이 받는 나라예요. 때문에 학교교육과 더불어 전국 168개 환경교육센터를 중심으로 환경교육을 펼치고 있죠.

쿠바의 대표적인 환경교육 중 하나는 도시농업이에요. 1956년에 카스트로가 설립한 빌레나 레볼루션 농업기술학교(Instituto Politécnico Agropecuario Villena-Revolución)에서 만난 열다섯 살 학생은 쿠바의 청소년들에게는 농업이 매력적인 직종이라고 설명합니다.

"쿠바 사람들은 누구나 자기 집 주변에 텃밭을 일궈요. 어렸을 때부터 집에서 채소를 가꾸어 먹는 일상을 경험하죠. 씨앗을 심고 물을 주고 작물이 커가는 모습을 지켜보면서 수확하는 기쁨을 알아가는 거예요. 학교에서도 정기적으로 농업교육을 받아서 현장체험을 많이 해요. 우리는 휴대전화를 보면서 자라난 세대지만, 쿠바에서는 휴대전화와 농업이 공존할 수 있어요. 친구들은 제가 농업고등학교에 와서 전문적인 교육을 받고 농부가 되는 걸 부러워해요. 농사일이 멋지다고 생각하니까요."

쿠바에서는 중학생 때부터 '들판 학교(school in the field)'라는 프로그램을 통해 1년에 15~30일간 농업학교나 농업협동조합에서 현장체험을 해요. '만들며 배우는' 체계적인 현장체험교육은 쿠바 교육의 핵심 장점 중 하나죠. 3년 과정을 마친 1000여 명의 농업학교 학생들은 인턴십을 거쳐 농업과 관련된 직업을 얻어요. 여기

■ 빌레나 레볼루션 농업기술학교 학생들이 상상하여 만든 지속가능한 미래의 모습

서 한 가지 주목할 점은 농업학교의 관리자와 교사들 가운데는 여성이 많고 여학생 비율도 높다는 점이에요.

농업학교를 졸업한 준비된 청년 인력들은 협동조합을 계속 이어갑니다. 190여 명의 직원이 1400헥타르 규모의 국영 농장을 관리하는데, 이런 협동조합이 수도인 아바나 주변에만 60여 개가 있어요. 작은 규모의 농장들은 훨씬 더 많죠. 뿐만 아니라, 협동조합들끼리도 연계가 잘 되어 있어서 정보교환이나 교육활동도 활발하게 진행됩니다.

농업학교를 졸업한 청년들은 말해요.

"경제봉쇄 탓에 우리는 화학비료를 사용하지 않고 유기농으로 좋은 작물을 기르는 방법을 연구했습니다. 유기농의 가치를

더 중요하게 생각하는 지금, 우리는 우리 방식을 고수하며 발전시
켜나갈 거예요."

변화의 바람

도시농업이나 자원순환을 중시하는 지속가능한 쿠바의 교육과
생활방식은 사실, 지극히 특수한 경제여건에서 비롯된, 어쩔 수
없이 것이었어요. 때문에 일반 시민들의 환경의식이 높지 않고 쓰
레기 처리와 같은 관련 정책도 미진해요. 게다가 최근에는 경제봉
쇄가 풀리면서 많은 미국 관광객들이 쿠바를 찾아와 달러가 유입
되면서 수십 년간 고립된 섬으로 살아오던 쿠바에도 변화의 바람
이 불기 시작했어요.

한 예로 쿠바 시내의 거리에는 광고판이 하나도 없어요. 무언
가 물건을 팔기 위한 광고를 하지 않는 것이죠. 그런데 해안에는
미국 관광객을 실은 대형 크루즈선이 속속 들어오고 있습니다.
쿠바 젊은이들이 농업이 아닌 관광산업으로 관심을 옮겨 새로운
꿈을 품는 건 어쩌면 시간문제가 아닐까요?

그러나 이 같은 한계와 과제에도, 전 지구가 환경오염과 자
원순환의 문제에 직면한 오늘, 제한된 물자로 지속가능하게 살아
가는 방법을 터득하고 교육해야 했던 쿠바의 경험과 삶의 방식은
주어진 자원의 한계 속에서 지속가능한 생활방식을 고민하는 전
세계 사람들에게 시사점을 제공하고 있어요.

■ 빌레나 레볼루션 농업기술학교 학생들이 키우는 농작물. 폐자재를 활용하여 이랑을 구분했다.

지구촌 이웃과 나누며 배우다

■ 라오스 쾅시 폭포 앞 고목 아래 소년

아시아의 초록바람

이제 단순히 우리 아이들에게 어떤 지구를 물려줄 것인가 하는
고민만으로는 충분하지 않다. 여기에 더하여 우리의 지구에게
어떤 아이들을 물려줄 것인가까지 고민해야 하는 것이다.
—피에르 라비의《자발적 소박함》중에서

● ● ●

기후위기 의식이 고조되고 확산되면서 전세계가 기후변화에 민
감해졌습니다. 기후위기는 '뜨거워지는 지구에서 살아남기'라는
과제를 던져주었고, 기후위기에 대응하고 적응하는 일은 불확실
한 미래를 위해 무엇보다 중요해지고 있어요.

　우리는 '사는 곳이 어디든, 종교적 신념이 어떻든, 생태적으로
상호의존적인 세계의 일원'이라는 사실, 그리고 "만약 향후 20년
이 과거 20년과 같다면 위험한 기후변화 전쟁에서 패하게 될 것"
이라는 유엔의 경고를 외면할 수 없게 되었어요.

국제 관계자에 따르면, 최근 전세계 청년들과 지도자들이 모인 자리에서 뜨겁게 오가는 주제는 '더 나은 세상(the better world)'입니다. 우리나라 역시 세월호 참사를 겪으면서 더 나은 세상에 대한 논의가 어느 때보다 뜨겁게 일고 있어요.

그러나 더 나은 세상이 단순히 생계의 문제가 아니듯, 기후문제 역시 단순하지 않아요. 기후위기와 같은 환경문제는 곧 인권, 평화, 민주, 사회구조 모두의 문제라고 할 수 있죠.

1990년부터 2000년 사이에 전세계인들의 소득은 22퍼센트 증가한 반면, 지역에 따른 불균형은 오히려 더 심화되었어요. 대부분의 개발도상국은 빈곤문제에 당면해 있죠.

빈곤문제 해결은 해당 국가 사람들의 최우선 요구이기도 해요. 절대 빈곤은 식량, 물, 학교, 병원 등 최소한의 인간적인 삶을 영위할 수 있는 기회조차 박탈하기 때문이죠.

여기에 더하여 사람들은 첨단 정보화사회와 과학기술의 발전, 다양한 문화 자산의 보존과 활용, 국민적 자부심 고취, 민주화와 평화정착이라는 열망과 비전을 갖고 있어요. 다른 선진국들과 똑같이 말이죠.

때문에 아시아 개발도상국과의 국제협력에 있어서는 교육이나 실업, 복지, 환경문제 등을 전체적으로 고려하는 접근이 필요해요. 빈곤을 해결하겠다는 명목으로 그 나라에 들어가 점령군 역할을 할 것이 아니라, 빈곤에 가려진 다양하고 건강한 열망에 공감

■ 시간을 잊은 라오스 마을

하고 배려하는 과정 속에서 '나눔'의 가치를 실천하려는 노력이 중
요할 거예요.

책이 무척이나 귀한 나라

최빈국으로 분류되는 라오스는 여행자들이 가장 좋아하는 나라
중 하나예요. 라오스의 문화도시 루앙프라방 골목을 느릿느릿 걷
다 보면 소박하고 잔잔한 일상이 주는 치유를 경험하게 되지요.
언젠가 길에서 만난 여행사의 홍보 배너 'LTE, 라오스 시간 체험
(Laos Time Experience)'처럼, 이곳을 찾은 사람들은 라오스의 작은

마을에 들어가 라오스 사람들의 문화를 체험하고, 그들이 생활하는 방식대로 살아보곤 합니다.

그런데 최근 라오스가 자본주의에 잠식되어간다는 이야기를 듣곤 해요. 어떤 방식이 라오스 사람들이 오랫동안 지켜온 가치와 자연을 지키면서 공존하는 내일을 만들어가는 길일까요?

라오스는 전반적으로 기반 시설이 취약해요. 때문에 대한민국의 에너지기후정책연구소(이하 에정연)는 이곳에서 최소한의 전기를 취약층에게 제공하는 재생가능에너지 보급활동을 펼쳤어요. 이때 라오스 현지를 조사하면서 초등 필수교과목이 '국어, 수학, 우리를 둘러싼 환경' 세 과목이라는 걸 알게 되었죠. 라오스 아이들은 말하고, 셈하고, 그 밖에 살아가는 데 필요한 삶의 지혜를 필수교과로 배우고 있었어요.

그리고 또 하나, 이 나라에는 책이 무척 귀하다는 사실. 한 NGO가 제작하고 보급한 한 권의 책이 몇 해를 돌고 돌며 마을에서 읽힐 정도였죠.

문맹률이 높고 기초 교육 환경도 몹시 열악하며 책이 귀한 곳이었지만, 라오스 아이들과 학부모들의 학구열만큼은 굉장히 높았어요. 이런 이상과 현실의 간극을 메우기 위해서는, 장기적으로 라오스 어린이와 청소년들을 대상으로 기초교육의 질과 양을 높여줄 체계적인 교육 과정과 기반을 만드는 일이 대단히 중요합니다.

■ 교재 개발을 위해 현지 전문가와 센터 연구진이 머리를 맞댔다.

에정연은 우선 라오스 사람들이 자신들이 살아가는 사회와 문화, 환경을 이해할 수 있도록 지식정보에 대한 접근성을 높이는 교재 개발을 시작했어요. 현지인들의 눈높이에 맞는 교재 개발을 위해서는 무엇보다 현지인들의 생각과 아이디어가 필요했고요.

그렇게 라오스 현지 전문가와 센터 연구진들이 개발한 교재 초안을 바탕으로, 라오스 국립대 재생에너지학과 교수와 대학원 생들, 전 산림청장, 지역아동센터 교사 등 지역 전문가들의 도움을 받아 현지 맞춤형 교재를 만들었지요. 삽화는 라오스예술인모임 청년들이 참여했어요.

처음 교재를 개발할 때의 목표는 재생에너지를 시골 마을에 보급하면서 에너지에 대한 기본적인 이해를 돕는 것이었어요. 그런데 에너지 이야기를 '우리 곁의 환경'과 접목시켜 좀 더 폭넓게 다루게 되었죠.

그러나 문맹률이 높고, 기초교육 환경마저 열악해 에너지의 개념조차 생소한 사람들에게 댐 건설로 인한 환경파괴, 재생가능에너지 설비의 사용법 등을 알려줄 수 있는 교재 개발은 어려웠어요. 에너지라는 말을 처음 들어보는 사람도 많았기 때문에, 누구나 쉽게 다가갈 수 있는 환경동화책을 생각해내게 되었습니다. 동화로 기본적인 이해를 돕고, 추가활동에서 과학실험이나 체험학습을 하는 구성으로 만들었죠.

다른 한편으로 교재 개발 과정에서 가장 어려웠던 점은 학업수준이나 문화적 접근 수준의 차이가 커서, 우리나라 초등학생수준의 내용을 중학생이나 고등학생의 이해 수준에 맞게 고쳐써야 했던 점이었어요. 예를 들어, 온도를 측정하려면 온도계가 무엇이고 어떻게 사용하는지부터 알려줘야 했죠.

여러 시행착오를 겪으면서, 교육교재 개발에 더하여 지역 지도자들의 교육역량 강화가 병행되어야 훨씬 더 좋은 교육기회를 더 많은 사람들에게 제공할 수 있다는 지혜도 얻었어요.

'아시아의 초록바람'
교육나눔 프로젝트

교육은 더 나은 방향으로 나아갈 수 있도록 돕는 일이에요. 기후위기와 관련하여 교육의 역할은 기후가 개인과 사회에 주는 영향과 더불어 개인이 기후에 주는 영향을 이해하고, 이에 대비할 수 있는 기후소양(Climate Literacy)을 갖춘 사람들을 양성하는 일이죠. 그래서 환경교육은 더불어 살아가는 지속가능한 삶과 더 나은 세상에 관심을 갖도록 하는 데서부터 출발합니다.

교육의 힘은 사람의 변화를 경험하도록 해주는 데 있습니다. 교육자는 스스로, 참여자들은 저마다의 계기로 삶의 전환점을 넘어서거나 자신의 가치관을 강화시키거나 사회참여로 나아가기도 합니다. '더 나은 나, 더 나은 우리, 더 나은 세상'을 연결하다 보면, 우리 아이들에게는 더 나은 지구를, 우리의 지구에게는 더 나은 아이들을 물려줄 수 있겠죠.

'아시아의 초록바람(Wind & Hope)' 프로젝트는 이러한 필요에 따라 환경 NGO 중의 하나인 ㈜환경교육센터와 모두를위한환경교육연구소(EEFARI)가 마련했습니다. 국제이해 캠프나 환경복원 봉사활동, 공정여행, 공동 교재나 프로그램 개발 등 다양한 활동을 펼치고, 특히 이번 프로젝트의 라오스, 캄보디아와는 아시아 지역의 환경문제해결을 위해 협력방식을 고민하는 과정에서 인연을 맺게 되었죠.

'아시아의 초록바람'은 '자연과 사람이 더불어 사는 세상'을 소재로 지속가능한 환경과 미래를 생각할 수 있는 환경교재를 현지인들과 함께 개발하고 보급하는 교육 나눔 프로젝트이자, 더불어 사는 지구마을 아시아에 희망을 전하는 프로젝트예요.

첫 활동은 일상 예술가들의 재능기부 그룹 전시회였어요. 그려서 행복하고, 행복해서 나누고 싶다는 사람들로 구성된 아마추어 그림 동호회 '그린스케쳐스' 회원 20여 명이 작품 기부에 참여했고, 더 많은 사람들이 전시회를 통해 기부 구매에 참여했죠. "아시아의 초록바람"이라는 주제를 담은 작품전시의 모금액은 라오스 산촌마을의 소수민족 어린이들을 위한 교재 제작비로 사용되었고요.

여러 사람의 마음을 담아 탄생된 교재는 재생가능에너지 시설(태양광)을 설치한 소수 민족 중학교에 보급되었습니다. 교재 개발에 참여했던 라오스 대학원생들이 지역 교사들에게 교재 활용법을 알려주고, 그 교사들은 아이들에게 지식과 내용을 전달했죠. 지구촌 공정여행 참가자들은 라오스 소수 민족 마을 아이들에게 교재를 전했고, 시(지자체)의 에너지 광산국에서도 교재가 필요한 지역 학교들로 교재를 전달했어요.

책이 귀한 라오스에서 '안녕 에너지'라는 제목의 환경 교재는 단순한 책 한 권의 의미를 넘어섭니다. 대안적인 삶에 필요한 적정 기술이 제공되는 곳의 사람들에게는 자기 주변의 환경변화를 이해하도록 돕는 매개가, 어떤 아이들에게는 그동안 상상해보지 못한 또 다른 미래를 상상할 수 있게 해주는 매개가 될 수 있기 때문이에요. 또한 기부, 지원, 참여, 나눔의 과정을 통해 서로 다른 아시아 주민들이 서로 만나고 참여하고 나눌 수 있는 매개가 될 수도 있죠.

라오스와의 국제협력활동은 우리 모두에게 서로의 삶의 지혜와 방식을 배울 수 있었던 매우 소중하고 흥미로운 경험이었습니다.

"우리는 행복한데 너도 행복하니?"

라오스 출장길에서 세월호 소식을 접하면서 나는 모두를 위한 평화, 모두를 위한 교육이 무엇일까 곱씹어보았어요. 여러 생각의 줄기는 생존, 빈곤, 더 나은 삶에 대한 질문으로까지 이어졌죠. 우리는 아시아나 아프리카의 가난한 나라를 바라보면서 생존의 문제를 '해결해줘야' 한다고 뛰어들지만, 오히려 그들은 "우리는 행복한데 너도 행복하니?"라고 묻곤 합니다.

우리가 아시아에서 소통하고 협력해서 무언가를 하는 일은 그들에게 무엇을 건네는 작업이라기보다는 서로가 서로에게 어떻게 살 것인가, 더 나은 삶이 무엇인가를 배우는 과정이 아닐까 생각해봅니다.

■ 유네스코 파리 본부 담장 한켠

생태적이고 정의롭고 평화로운 세상을 위해

2020 MEEJEONG

| 유네스코 |

지속가능발전교육

전쟁은 인간의 마음속에서 생기는 것이므로
평화의 방벽을 세워야 할 곳도 인간의 마음속이다.
– 유네스코 헌장 중에서

● ● ●

유네스코는 교육·과학·문화 부문의 국제협력을 위해 운영되는 유
엔 전문기구 중 하나로 1945년에 만들어졌어요. 유네스코의 뿌
리는 1920년대 국제지식인협력위원회(International Committee on
Intellectural Co-operation)와 국제지식협력연구위원회(International
Institute of Intellectual Co-operation) 등 유럽을 중심으로 한 지식인
들의 협의체로 거슬러 올라가요. 그렇기 때문에 정부간 국제기구
이면서도 향후 미래 발전방향을 제시하는 민간 지식인들의 역할
이 중요한 기구죠.

그렇다면 유네스코는 구체적으로 어떤 일을 하는 곳일까

요? 여느 조직처럼 유네스코의 기능도 시대에 따라 변화해왔는데, 2014~2021년 유네스코 중기 전략에서는 유네스코의 기능을 크게 다섯 가지로 나누었어요.

1. 아이디어 실험실

인류가 어떻게 나아가야 할 것인가에 대한 혁신적인 개념과 아이디어를 제안하고 이것을 실행에 옮기기 위한 정책들을 자문해요. 널리 알려진 '유네스코 세계문화유산'부터 '생물권 보전지역', '평생교육', '지속가능발전교육' 등 수없이 많은 개념이 유네스코를 통해 만들어지고 널리 퍼져 각 나라의 정책이 되어서 개개인의 삶에 영향을 미치고 있어요.

2. 국제의제 개발

유네스코 총회를 통해 아이디어가 채택되면 유네스코는 회원국들이 앞으로 어떤 방향의 정책을 펼쳐야 할지, 의제를 개발해요. 아이디어나 개념이 현실에서 실천할 수 있는 정책으로 바뀌는 것이지요. 그리고 정책분석, 진행현황관리, 벤치마킹 등을 통해 이러한 정책이 각 나라에서 잘 실행되고 있는지, 어려움이나 문제는 없는지를 살피고 지원하는 길라잡이 역할을 합니다.

3. 국제규범 제정

각 나라에서 어떤 정책이 잘 진행되고 있는지 알기 위해서는 국제적으로 인정되는 규범과 기준이 있어야 해요. 유네스코는 강제력이 있는 국제규범이어서 각 나라의 비준이 필요한 협약, 구속력이 없는 국제규범인 권고, 선언 등을 만듭니다. 다양한 수준의 국제규범과 기준을 세우는 이유는 어느 정도 그 기준을 지키는 문화를 만들어가다가 보다 강력한 방법으로 나아가는 편이 효과적일 때도 있기 때문이에요.

4. 국제협력과 지역협력

유네스코는 나라와 나라 사이의 협력을 활성화해서 서로 정보와 지식을 나누고 함께 손잡고 일할 수 있도록 노력합니다. 여기에는 국제적인 차원의 활동뿐만 아니라 각 지역, 예를 들어 우리나라가 속해 있는 아시아태평양 지역에서의 활동도 포함돼요.

5. 정책개발과 실행 자문역량 강화

유네스코는 세계 각 나라가 정책을 실행할 수 있도록 구체적인 방법을 개발하고 안내합니다. 중요한 역할을 하는 기관이나 사람들을 대상으로 연수를 하거나 관련 분야의 교육기회를 마련하는 활동도 해요.

2020년 5월 현재 유네스코는 193개 회원국과 11개 준회원국으로 구성되어 있습니다. 우리나라는 1950년에 유네스코에 가입했어요. 한국전쟁 후 유네스코로부터 교과서를 지원받아 교육

지속가능발전 목표

을 일으켰던 나라에서 이제는 분담금을 열 번째로 많이 분담하는 국가가 되었죠. 2017년부터 2019년까지는 집행이사회 의장국을 맡기도 했고요.

유네스코는 유엔 기구 중 유일하게 회원국 안에 유네스코 국가위원회가 있어요. 유네스코 국가위원회는 각국에서 유네스코의 활동을 전파하고 각 나라의 상황에 맞게 뿌리내리도록 해요. 유네스코한국위원회는 1954년에 설립된 이후 유네스코 활동 분야에서 다양한 국내외 사업을 펼쳐오고 있지요.

'우리공동의미래'와 '지속가능발전교육'

1972년 로마클럽이 발간한 〈성장의 한계(The Limits to Growth)〉 보고서는 지금과 같은 인구폭발과 경제성장이 지속된다면 100년

안에 지구의 자원, 식량, 환경은 파괴적인 사태에 직면할 거라고 경고했어요. 생태계의 자정능력을 위협하는 개발이 지속된다면 미래세대의 생존권까지 위협할 수 있다는 경고였죠.

유엔은 1972년에 환경문제를 전담하는 '유엔환경계획(UNEP: UN Environmental Programme)' 기구를 만들었어요. 1987년에 유엔 환경계획(UNEP)의 세계환경개발위원회(WCED)는 〈우리 공동의 미래(Our Common Future)〉라는 보고서를 발표하면서 '지속가능발전' 개념을 광범위하게 알리고 또 논의하기 시작했죠. 이 보고서는 지속가능발전은 '미래세대가 자신의 욕구를 충족할 수 있는 능력을 해치지 않으면서도 현세대의 욕구를 충족하는 발전'이라고 정의했어요. 이 개념은 1992년에 리우환경회의에서 이념으로 채택되었습니다.

이처럼, 보다 생태적이고 정의롭고 평화로운 세상을 위해 유엔이 채택하고 세계 각국에서 혁신적으로 벌이고 있는 노력들은 어떻게 널리 퍼져나가며 큰 파도를 만드는 걸까요?

'리우환경회의(Rio Summit)', '지구정상회의(Earth Summit)'로 더욱 잘 알려진 유엔환경개발회의(UNCED)가 1992년 6월에 브라질 리우데자네이루에서 열렸어요. 전세계 대표들은 이 회의에서 지구의 환경문제와 지속가능발전을 위한 '리우선언'과 세부적 행동강령을 담은 '의제21(Agenda21)'을 채택했죠.

'의제21'에는 환경문제에 관한 교육을 하고 시민인식을 높여야 한다는 점이 명시되었고, 유네스코가 '지속가능발전'교육의 선도기구로 지정되었어요. 현세대가 미래세대를 배려하고 책임질 수 있으려면 '지속가능발전'을 위한 교육이 필요하기 때문이었죠.

현세대는 지속가능한 사회를 창조해야 할 책임이 있어요. 지속가능한 사회는 인간과 자연, 인간과 인간, 현세대와 미래세대 사이의 형평성을 추구할 때 가능하죠. 이를 위해서는 인간과 자연이 공존하고, 인간과 인간 사이의 정의가 이루어지며, '지속가능발전'을 위한 교육이 있어야 해요. 여기서 말하는 교육은 모든 사람이 생태학적 지식을 얻고, 이를 통하여 지속가능한 미래와 사회변혁을 위해 필요한 가치, 행동, 삶의 방식을 배울 수 있는 질 높은 교육을 뜻해요.

리우환경회의가 열린 지 꼭 10년이 지난 2002년, 남아프리카 공화국 요하네스버그에서 리우+10년 회의가 열렸어요. 이 회의에서는 2005~2014년을 '유엔지속가능발전교육의 10년'으로 지정했어요. 그 후속 사업으로 유네스코는 2015년부터 2019년에 걸쳐 지속가능발전교육 국제실천프로그램(Global Action Programme on ESD)을 운영하며 전세계 97개 기관과 단체를 적극적으로 지원했어요. 우리나라에서는 유네스코 한국위원회, 유네스코 아시아태평양국제이해교육원(APCEIU), 그리고 통영시 지속가능발전 교육재단(통영RCE)이 포함되었죠.

그다음 과제는 2020년부터의 미래 방향과 계획을 수립하는 것이었어요. 유네스코는 다양한 분야의 전문가들과 함께 미래방향을 전망하고 자유롭게 토론하는 심포지엄을 여러 차례 여는 등 3년 동안 많은 준비를 했어요. 그리고 2019년 11월 40차 유네스코 총회에서 '지속가능발전교육 2030(ESD for 2030) 국제 틀'을 마련했죠.

지속가능발전교육 2030

유엔에서 최종적으로 채택된 '지속가능발전교육 2030('ESD for 2030')'은 크게 세 가지 내용을 강조하고 있어요.

첫째, 나날이 커지는 기후위기에 비추어볼 때 우리에게는 보다 근본적인 개인의 변혁과 사회의 혁신이 필요하다고 보았어요. 개개인 모두가 지속가능한 사회를 만드는 적극적인 시민으로서 역할을 하기 위해서는 교육을 통해 자기 주변의 지속가능하지 않은 문제를 발견하고 여럿이 함께 해결해나갈 수 있는 능력과 기회를 만들어야 하죠.

둘째, 사회 전체가 지속가능한 방향으로 혁신할 수 있도록 교육을 통해 연대, 공정성 등의 대안가치와 순환경제, 공유경제 등 대안적인 경제발전 모델을 적극적으로 다루고, 현재의 경제 시스템에 대한 문제의식을 키워야 한다고 강조했어요. 유엔은 직업기술교육에서는 앞으로 미래에 필요할 재생에너지나 유기농업 등의 내용을 더 강조하고, 특히 경제적으로 가난한 지역에서 이러한 미래혁신교육을 강화하도록 권고하고 있어요.

셋째, 모든 문제를 해결할 것처럼 보이는 과학기술 이면에 또 다른 지속가능발전 문제가 있지는 않은지 비판적으로 바라보고 판단할 수 있는 능력을 키워야 한다고 보았어요. 예를 들어 3D 프린터의 보급으로 물건을 배달하는 데 들어가는 에너지가 줄어드는 반면, 손쉽게 쓰고 버리는 문화가 확산될 수도 있기 때문이죠.

우리는 급속도로 발전하는 과학기술을 지속가능한 사회로의 전환을 위해 쓸 수 있어야 해요. 그러기 위해서는 이 분야에 종사하는 사람들뿐만 아니라 미래 소비자들의 인식 수준이 중요하죠. 지속가능발전교육은 이러한 변화를 이끌어가야 해요.

미래세대는 결코
당신들을 용서하지 않을 것이다

유네스코는 제2차세계대전의 폐허 위에서 보다 평화롭고 정의로운 세계를 꿈꾸며 세워졌어요. 당시의 시대 과제가 전쟁과 평화였다면 오늘날 인류의 가장 큰 과제는 기후위기예요. 제2차세계대전보다도 더 크고 근본적인 이 문제는 인간이 사는 집을 스스로 파괴하는 어리석음에서 비롯되었죠.

기후위기는 서서히 일어나기 때문에 사람들의 주의를 잃기 쉬워요. 조금씩 물이 끓어오르는 냄비 속에서 개구리가 죽는 것과 같은 이치죠. 기후위기의 영향으로 고통받는 전세계의 거대한 흐름을 되돌리기 위해서 우리에게 남은 시간은 불과 5, 6년뿐이에요.

기후위기의 시대를 떠안은 청소년들은 이미 그 심각성을 깨닫고 거리로 나왔어요. 스웨덴 환경운동가 그레타 툰베리가 유엔 총회에 모인 각국 정상들 앞에서 "모든 미래세대의 눈이 당신들에게 향하고 있습니다. 당신들이 우리를 실망시킨다면 우리는 결코 당신들을 용서하지 않을 것입니다"라고 울먹이며 경고한 것처럼, 청소년들이 앞장선 큰 변화의 파도는 이미 시작되었어요.

전세계 7억 인구 모두는 힘을 모아 학교에서, 동네에서, 나라에서 우렁차게 목소리를 내야 해요. 각 나라들은 '개인의 변혁, 사회의 혁신, 과학기술과 미래' 이 세 가지 방향을 이끌어가기 위해서 17개의 유엔 지속가능발전목표를 중심으로 국가실천계획을 세우고 국내에서 이미 일어나고 있는 다양한 노력들을 엮어 큰 변화의 파도를 만들어가야 해요.

보다 생태적이고 정의롭고 평화로운 세상을 만들기 위해서 내 심장을 뛰게 하는 궁금증을 품으면, 바로 내가 세상을 움직이는 중심축이 되고 파도가 될 거예요. 이렇게 유네스코로 모아진 큰 물결은 널리 퍼져 마침내 지구를 살리고 우리 스스로를 살리는 변화의 거대한 파도가 될 테죠.

셋째 마당
나눔과 배려

MEEJEONG

■ 독일 베를린 도심, 공동체 텃밭

다문화의 씨앗을 퍼트리다

'함께 텃밭 가꾸기'
도시농업 프로젝트

사람들이 주택담보 대출금과 생활비를 걱정하느라
시리아 난민을 생각할 여유가 없다는 건 알겠다. 이해할 수 있는 일이다.
하지만 이 문제가 무관심 속에 나날이 더 심각해져간다면
어느새 한계에 도달할 것이고,
'그저 저세상 남 이야기'가 아니게 될 것이다.

– 아일랜드 배우 리암 커닝햄

● ● ●

2018년말 유엔난민기구 통계에 따르면 2015년 8월, 독일의 메르켈 총리가 시리아 난민을 적극 수용하는 정책을 발표한 이래, 100만 명이 넘는 난민들이 독일에 살고 있어요. 독일은 터키, 파키스탄, 우간다, 수단에 이어 다섯 번째로 난민을 많이 수용하는 나라예요. 그래서 난민들이 기존 사회에 잘 정착할 수 있도록 돕

■ 다문화 공동체 텃밭은 새로운 인연을 만드는 공간이다.

는 여러 제도와 정책의 수립과 실행이 매우 중요한 국가적 과제가 되었고, 시민사회에서도 다양한 시도를 하고 있어요.

소외된 이들에게 공간을 열어주는 공동체 텃밭

그 가운데 공동체 텃밭은 이주민과 난민들의 성공적인 '통합(Integration, 이주민이 새로운 사회에 적응하고 사회·문화·경제적으로 잘 정착한 상태를 나타내는 개념)'에 긍정적인 역할을 하고, 기후위기 시대의 환경교육과 도시농업의 새로운 대안으로 주목받고 있어요. 정치·인종·종교적 박해를 피해 독일로 왔지만 낯선 기후와 언어 때문에 여전히 어려움을 겪는 난민들에게는 텃밭이 주변환경과 친숙해지면서 새로운 인연을 만들 수 있는 공간이 되기 때문이에요.

하지만 도시에 자리잡은 텃밭이 완전히 새로운 것은 아니에요. 독일에는 2차세계대전 이후 국가재건 때부터 보편화된 시민들의 비영리 텃밭인 '쉬레버가르텐(Schrebergarten)'이 있었으니까요. 우리나라의 '주말농장'처럼 거주지 근처에 땅을 분양받아 자연 속에서 휴식을 취하고 작물을 직접 재배하며 경제적·교육적 효과를 누리는 인기 여가활동이었는데, 지역 정부들이 그 가치를 알아보면서 점차 도시계획에서 빠질 수 없는 요소가 되었죠.

텃밭은 울타리로 소유 경계가 나누어지지만 서로 가깝게 붙어 있어서 가족, 친지, 이웃들이 어울리는 공동체가 조성되곤 해요. 유서 깊은 도시 텃밭은 생태위기에 처한 현대사회에서 기후위기 대응 전략이자, 먹거리를 자급자족하며 식량주권을 되찾는 프로젝트로 재해석되고 있어요.

난민들을 돕고자 하는 다양한 시민단체 프로그램 중에 공동체 텃밭이 특히 돋보이는 점은 난민들에게 직접 힘을 실어준다는 데 있어요. 텃밭 사업은 난민 당사자가 직접 뭔가를 생산하는 과정에서 현지 통합에 필요한 언어와 기술, 정보, 관계망을 충분히 갖출 수 있다는 점에서 사회 약자 '엠파워먼트'에 가깝다고 할 수 있어요.

진정한 '통합'을 만들어줄 '함께 텃밭 가꾸기'

작은 시민단체가 지역민들과 함께하는 도시농업 프로젝트 '함께 텃밭 가꾸기(zusammen gärtnern)'는 2016년 7월에 첫발을 뗀 비영리 사업이에요. 조경 전문가인 땅 소유주가 오랫동안 잡초로 뒤덮여 있던 유휴지를 개발할 방법을 찾다가 이주 난민 분야의 지역 활동가들을 만나 프로젝트를 개발안으로 채택하면서 시작되었어요. 지금 이곳은 축구장 절반 정도인 3,500제곱미터의 땅에 자리를 잡고 1년 내내 사람들을 맞이하고 있죠.

텃밭에는 수십 종의 과일과 채소, 허브가 자라고, 돔 모양의 온실과 퇴비 화장실, 야외 화덕, 헛간과 놀이터가 저마다 개성 있는 모습으로 서 있어요. 규모는 크지 않지만, 20여 개국에서 온 수백 명의 이주민과 토착 지역민들이 이곳에서 텃밭을 가꾸고 있

■ 도시농업 프로젝트 '함께 텃밭 가꾸기'

어요. 이주민의 대다수는 시리아, 아프가니스탄 등지에서 온 난민들이에요.

'함께 텃밭 가꾸기'는 2014~2015년에 만들어진 시민단체 '함께 살아가기(zusammen leben e.V.: 무언가를 함께하는 것은 사람의 기본욕구이므로 의식주처럼 중요한 삶의 요소라는 뜻을 담고 있어요)'와 지역 네트워크의 도움으로 운영되고 있어요. 난민 지원사업 분야와 공동체 도시농업에서 큰 지원과 관심을 받고 있죠.

"채소를 직접 길러 먹고 싶으세요? 새로운 사람을 만나 텃밭 농사를 짓고, 수확한 채소로 함께 요리를 하는 건 어떤가요? 저희는 친환경 보봉 지구 인근 도르프바흐(Dorfbach)에서 2016년 7월부터 다문화 공동체 텃밭을 가꾸고 있어요. 저희는 이곳에서 서로를 존중하는 마음으로 함께 일하고, 배우고 또 즐겁게 놀고 있어요. 여러분이 어디서 왔고 어떤 언어를 쓰는지 상관없이 저희와 함께하실 수 있어요. 나이가 몇인지, 장애가 있는지는 중요하지 않아요. 농사 경험이 전혀 없어도 괜찮습니다. 저희 텃밭에 오셔서 함께해요."

프로젝트 참여자를 모집하는 홍보글에 나타나듯이, '함께 텃밭 가꾸기'는 다름과 다양성을 포용하고자 하는 열린 모임이에요. 난민뿐만 아니라 거동이 불편한 장애인이나 어르신 등 지역에서 소외된 사람들은 누구나 텃밭을 찾아요. 때문에 공동체 텃밭은 휠체어가 구석구석 편히 드나들 수 있도록 부지를 잘 다져놓았답니다.

이들은 서로의 트라우마나 차별, 편견에 나름의 정서로 공감할 수 있어요. 도움을 받는 대상, 배우는 대상은 따로 정해져 있지 않아요. 난민 참가자가 10명이라면 기존 지역민도 그만큼 모여서 평등하고 자연스러운 분위기 속에서 문화교류를 해요. 그리고 이 과정은 난민들이 일상적인 독일어를 익히는 데 도움을 주죠.

난민들은 피란 과정에서 겪은 트라우마와 정착 초기의 경제적·언어적 어려움 때문에 우울증이나 불안증과 같은 심리적인 질환을 겪는 경우가 많아요. 지정된 숙소에서 생활하느라 바깥활동이 제한되는 데다, 일조량이 부족한 독일의 겨울 날씨도 한몫하는 탓이죠. 이럴 때, 텃밭 가꾸기처럼 생산적이고 역동적인 활동은 큰 도움이 돼요.

어쩌다 난민심사나 일자리찾기, 언어공부가 뜻대로 되지 않아서 좌절할 때면 자연의 힘으로 쑥쑥 커가는 농작물을 보며 성취감을 얻고, 땀 흘려 일한 뒤 사람들과 노래하고 춤을 추며 스트레스를 풀기도 하죠.

또한 먹거리 문화의 차이는 흥미로운 교류의 물꼬를 터주기도 해요. 난민들은 독일의 제철과일과 채소를 익히고, 자국에서 즐겨먹던 농작물을 심어 현지인들에게 요리법과 문화를 소개하기도 해요.

저성장 고령화사회에 접어든 한국사회는 독일이 그렇듯이 앞으로 수많은 이주·난민 인구를 받아들이게 될 거예요. 따라서 다양한 문화, 인종, 종교, 출신 지역의 사람들이 공존하며 살아갈 수 있어야만 지속가능한 사회로 나아갈 수 있어요.

식량자급률이 저조하고 기후위기에 대응하면서 온실가스도 감축해야 하는 현실에서 도시민들이 스스로 먹거리를 생산하고 지역민들이 모일 수 있는 녹지공간을 만들어내는 것은 우리가 실현해야 할 친환경 대안이에요. 때문에 지금 우리에게도 난민과 사회약자들이 함께하는 공동체 텃밭이 필요합니다.

자연에서 보내는 치유의 시간

■ 싱그린 가족캠프의 한때

싱그린맘의 초록만들기

눈을 감고 바람을 느껴봐. 엄마가 쓰다듬던 손길이야.

멀리 보고 소리를 질러봐. 아픈 내 마음 멀리 날아가네.

– 노래 〈살다 보면〉 중에서

우리는 매일 묵묵히 성실하게 주어진 삶을 살지만, 가끔 삶의 무게가 버거워질 때면 누군가의 작은 위로가 간절해지곤 합니다. 그럴 때 봄기운을 가득 머금은 따스한 바람과 그 바람을 타고 와서 코끝을 간지럽히는 은은한 나무 향은, 익숙하고 편안한 엄마의 손길, 엄마의 냄새처럼 지친 마음을 어루만져주죠. 이 작은 위로에도 우리는 감사히 내일을 살아갈 힘을 얻을 수 있어요. 이는 자연이 가진 놀라운 치유의 힘입니다.

날마다 치열한 경쟁으로 내몰리는 사람들은 자연을 경험할 몸과 마음의 여유를 갖기가 쉽지 않아요. 사회적 약자, 특히 아빠 없이 아이를 혼자 키우는 미혼모들이라면 더욱 그렇죠. 어린 아이를 시설에 맡기거나, 임신한 몸으로 취업하여 생계를 꾸리는 일이 쉽지 않아 경제적인 어려움에 처한 엄마도, 주변의 질책과 차별 속에서 움츠리고 지내는 엄마도 많아요.

누구보다 지지받고 응원받고 싶은 원가족(미혼모의 원래 가족, 부모)에게도 인정받지 못하는 경우라면 기댈 곳 없는 미혼모들의 마음은 더욱 위축됩니다. 엄마들의 위태로운 심리상태는 아이에게까지 전해져서, 미혼모의 자녀들은 잠재적으로 환경성 질환이나 정서적 문제에 노출될 위험이 높다고 알려져 있어요.

자연이 가진 치유의 힘으로 '싱그린맘의 초록만들기'

세상의 따뜻한 응원과 지지가 필요한 미혼모와 미혼모 가족에게 자연 속에서의 특별한 경험을 선물하고자 시작된 것이 '싱그린맘의 초록만들기'예요. 이 프로젝트는 2016년 5월 (사)환경교육센터의 나눔사업의 일환으로, 아이를 혼자 키우는 엄마들이 자연 속 여행을 통해 치유의 시간을 보내고, 다시 일상으로 돌아가 아이와 함께 건강하게 지낼 수 있는 용기를 북돋아주기 위해 기획되었어요. (사)환경교육센터, 남이섬환경학교가 (사)한국미혼모지원네트워크와 협력하여 여러 공공기관, 기업의 후원과 개인모금을 통해 캠프를 진행해오고 있죠.

(사)환경교육센터는 2000년에 우리나라 최초의 사회 환경교

육 전문기관으로 문을 열었습니다. 이후 다양한 참가자들과 자연 속에서 함께하는 환경교육 캠프를 진행해왔어요. 센터가 자리를 잡아가면서 활동가들은 우리 사회의 소외된 이들에게 더 가까이 다가갈 수 있는 방법을 고민하기 시작했고, (사)환경교육센터의 부설 연구소인 '모두를위한환경교육연구소'가 만들어지게 되었어요. 그리고 지역아동센터 교육, 섬으로 찾아가는 환경교육, 탈학교 청소년 교육 등 사회적 약자들과 함께하는 환경교육 프로그램들을 기획하기 시작했어요.

이렇게 시작된 프로그램 중 하나가 '싱그린맘의 초록만들기' 예요. 이 프로젝트는 강원도 춘천시에 위치한 남이섬에서 진행되었어요. 낮에는 전세계에서 온 여행자들로 섬 여기저기가 북적이고 온갖 동물들이 사람들 사이를 헤집고 다니는 시끌벅적한 곳이지만, 마지막 배가 손님들을 뭍에 실어 나른 후 고요한 밤이 지나고 나면 새벽녘 물안개를 벗삼아 조용히 혼자만의 사색을 즐길 수 있는 매력적인 섬이죠.

남이섬에서 보낸 1박 2일
'싱그린 가족캠프'

'싱그린맘의 초록만들기'는 엄마들만의 '싱그린 치유캠프'와 엄마와 아이, 할머니, 할아버지까지 함께하는 '싱그린 가족캠프', 엄마와 아이들을 위한 '환경동화 인형극 캠프/초록나들이' 3개의 프로그램으로 구성돼요.

■ 싱그린 가족캠프의 '시작의 시간'을 함께하는 참가자들

2019년 10월에는 제2회 싱그린 가족캠프가 열려서 여섯 가족이 함께했어요. 태풍 때문에 한 달 가까이 미뤄진 탓에, 참가자 모두가 고대하고 고대하던 시간이었죠.

10월의 남이섬은 아직도 늦여름 같은 초록의 싱그러움을 자랑했고, 걸음마가 익숙해진 아이들은 폭신폭신한 잔디밭을 토끼처럼 뛰어다니며 까르르 웃곤 했어요.

싱그린 가족캠프의 1박 2일의 일정은 성글게 짜였어요. 특별하고 대단한 프로그램은 없었죠. 남이섬에 들어와 서로 인사를 나눈 다음에 맞는 첫 번째 프로그램은 가족별로 자유롭게 보내는 작은 여행의 시간이에요. 자연을 통해 무언가 느끼라고 강요하는 시간이 아니라 그저 자연 속에서, 넘어져도 다치지 않는 폭신한 잔디 위에서 아이가 행복하게 뛰노는 모습을 바라보며 작은 일상의 행복을 느끼면 그것으로 충분하기 때문이에요.

밤이 되어 캠프가 무르익으면, '우리들의 모노로그' 시간을 가져요. 엄마와 아이뿐만 아니라 미혼모의 원가족인 아이들의 할머니 할아버지까지 한자리에 모여 서로에게 털어놓지 못한 이야기를 편지에 담아 읽어 내려가는 시간이에요. 아이를 키우는 과정에서 크고 작은 속상한 순간들이 찾아올 때도 있고, 때로는 힘이 부치기도 하지만 축복처럼 찾아온 귀한 아이를 잘 키우자는 다짐과 응원이 떨리는 목소리를 타고 전해지곤 합니다.

프로젝트가 처음부터 이렇게 느긋하게 진행된 것은 아니었어요. 첫해에는 시간대별로 촘촘하게 교육 프로그램을 짜기도 했죠. 하지만 천천히 쉬엄쉬엄, 엄마와 아이의 발자국에 속도를 맞춰 자연 속에서 시간을 보내는 것만으로도 참가자들에게는 충분히 소중한 경험이 된다는 것을 캠프 진행팀은 해를 거듭하며 알게 되었어요.

캠프 내내 가장 우선순위에 둔 것은 배려였어요. 참가자들이 육체적·심리적으로 어떤 불편함이 있는지, 아이는 무엇을 먹는지, 기기, 걷기, 뛰기가 가능한지를 캠프 시작 전에 미리 확인했습니다. 월령에 따라 먹을 수 있는 유기농 과자를 아이의 이름이 적힌 통에 담아 준비하고, 귤이나 고구마 따위의 소박하지만 건강한 친환경 간식들을 대접했고요. 일정 내내 엄마들의 작은 목소리에

■ 따로 또 같이 시간을 보내는 엄마와 아이들

귀 기울여, 싱그린 가족들이 편안한 시간을 보낼 수 있도록 지원을 아끼지 않았습니다.

　내 마음을 몰라주는 세상의 차가운 눈길에, 누구보다 내 편이 되어주었으면 하는 원가족과의 갈등에, 아이를 너무나 사랑해도 때로는 버거운 육아의 피로에 지친 엄마들은 1박 2일의 시간동안 남이섬의 싱그러운 숲속에서 자연이 주는 치유의 힘을 경험하고 일상으로 돌아간답니다.

　자연은 자신이 가진 것을 조건 없이 먼저 내어주며 우리에게 더없이 귀한 위로와 응원, 치유의 시간을 갖게 해줘요. 그리고 캠프에 참여한 사람들은 자연을 매개로 마음이 따뜻한 사람들과 인연을 맺고, 그들의 관심과 애정 속에서 삶의 지혜와 용기를 얻어요.

싱그린 가족캠프에 참여했던 한 엄마는 자연 속에서 자신을 지지해주는 사람들과 함께 보낸 시간을 "죽기 직전에 눈을 감으면 생각날 추억"이라고 표현했어요. 그만큼 엄마들에게 싱그린 가족 캠프는 잊지 못할 소중하고 진실된 위로의 경험이 되고 있죠.

환경교육이 우리 사회에 만연한 타인에 대한 차별과 배제의 날카로운 시선을 거두고, 지친 이웃에게 잠시 기댈 어깨를 내어주며, 자연의 선한 마음을 나누는 삶을 실천하는 것이기를 희망해 봅니다.

싱그린맘의 초록만들기 프로그램 엿보기

싱그린맘의 초록만들기 프로젝트를 통해 치유캠프(초기 미혼모, 임산부 대상), 가족캠프(미혼모+원가족 대상), 환경동화 인형극캠프 및 초록나들이(미혼모+ 자녀 대상)가 진행된다. 캠프 진행 이후에는 멘토링과 사후모임, 생활환경교 육도 이루어진다. 싱그린 치유캠프와 싱그린맘의 환경동화 인형극캠프의 주요 프로그램은 아래와 같다.

싱그린 치유캠프

차시	주제	주요 내용
1일차	시작의 시간	- 참가자 소개 및 인사 / 사업 취지 및 일정 안내
	몸과 맘을 여는 생태놀이	- 자연 속에서 아이와 함께 놀이하며 교감하는 시간 - 생태교육가 선생님과 함께
	나에게 쓰는 편지	- 여기까지 온 나와 당신에게 감사와 응원 나누기 - 음악과 이야기가 있는 낭독의 밤
2일차	생태예술	- 치유의 나무 유창목으로 나무반지 만들기
	엄마의 시간	- 엄마는 자유여행 / 아이들과 자연놀이
	마침의 시간	- 환경교육이 필요한 이유: 건강하고 행복한 삶을 추구할 권리 - 과정 돌아보기 / 소감나눔 / 이후 교육과정 안내

싱그린맘의 환경동화 인형극캠프

차시	엄마 과정	아이 과정
1일차	시작의 시간 + 남이섬 초록보물 찾기(에코미션투어)	
	나를 찾는 여행	얘들아~ 밤 마실 가자

차시	엄마 과정	아이 과정
2일차	나와 환경 이야기(강의+스토리텔링)	얘들아~ 숲놀이 하자
	인형극 만들기(주제설정과 스토리작업)	얘들아~ 물놀이 하자
	인형극 준비와 연습	우리 엄마 자랑(인터뷰)
	엄마가 들려주는 초록동화 '싱그린맘의 환경동화 인형극'(공연)	
3일차	소감 정리와 나눔	캠프 일기와 나눔
	마침의 시간(여정 돌아보기, 소감발표, 이후 과정 안내)	

살아가는 힘을 배우는 곳

■ 구리코마산에서의 한때

2020 MEE JEONG

| 일본 |

구리코마고원자연학교

이 세상에 '잡초'는 존재하지 않습니다.

밀밭에 벼가 나면 그게 바로 잡초고, 보리밭에 밀이 나면

그게 바로 잡초고, 산삼이라 해도 엉뚱한 데 나면 잡초가 됩니다.

잡초란 단지 뿌리를 내린 곳이 다를 뿐입니다.

들에서 자란 모든 풀은 다 이름이 있고 생명이 있습니다.

– 고려대 환경생태공학부 강병화 교수 인터뷰 중에서

● ● ●

잡초는 별다른 쓰임이 없어 방치되거나, 재배 중인 작물의 영양소를 빼앗아가 뽑아내야 할 불필요한 풀 취급을 받곤 해요. 강인한 생명력을 칭찬받기도 하지만, 결국 잡초는 잡초일 뿐이죠.

그런데 17년간 전국을 돌아다니며 야생 들풀을 채집하고, 그렇게 모은 4,500여 종의 씨앗으로 종자은행을 세운 노교수는 세상에 잡초 같은 사람은 아무도 없다고 말합니다. 아직 자신의 자리를 찾지 못했을 뿐, 잡초 또한 귀하고 소중한 풀이라는 것이죠. 자신이 있을 곳을 찾지 못해 방황하는 어린 친구들에게 이 노교

수의 말은 얼마나 큰 위로가 될까요?

아무에게도 말할 수 없는 혼자만의 고민, 친구들이나 선생님의 불화, 부모님과의 다툼, 입시와 대학진학, 무슨 일을 해야 할지 모르는 막막함, 미래에 대한 불안함, …. 우리 모두는 어린시절 많은 고민을 겪으며 성장합니다. 이 시간들을 또래 누구보다 힘겹게 겪어내는 은둔형외톨이, 등교거부 청소년들도 많아요.

저마다의 다양한 이유와 사정으로 이런 선택을 했겠지만, 부정할 수 없는 사실은 치열한 경쟁사회, 승자독식의 사회, 그래서 타인의 아픔이나 슬픔에 공감하지 못하는 사회가 이들을 더 깊고 어두운 곳으로 밀어넣었다는 것이에요.

한국보다 앞서 이미 1970년대에 은둔형외톨이(히키코모리)가 사회문제화된 일본에서는 이들을 지원하기 위한 노력이 이어졌어요. 이 가운데 은둔형외톨이, 등교거부 청소년을 대상으로 자연의 품에서 상처받은 마음을 다독여주고, 살아가는 힘을 배울 수 있도록 자립을 지원하는 학교가 있어요.

바로 일본 자연학교의 선구자로 손꼽히는 구리코마고원자연학교예요. (일본에서 자연학교란 자연체험활동을 위한 프로그램, 지도자, 장소를 갖춘 시설이나 조직을 말해요. 캠프, 하이킹, 자연관찰부터 농업과 어업 체험, 전원생활 등 다양한 생활체험을 할 수 있습니다.)

'살아가는 힘'을 배우는 학교

일본 혼슈 북부 지방에 위치한 미야기현에는 너도밤나무, 물참

나무와 같은 낙엽 활엽수림이 울창한 구리코마산(栗駒山)이 있어요. 여름이 되어도 구리코마산 정상 언저리에는 채 녹지 않은 눈이 남아있는데, 그 눈의 모습이 말을 닮았다고 하여 산의 이름에 망아지 구(駒)라는 한자가 붙었어요. 구리코마산 이곳저곳의 습지, 계곡, 호수는 계절에 따라 변화무쌍하게 변하고, 가을이면 검붉은 산악단풍이 전국의 등산객들을 불러모을만큼 절경을 이루죠.

구리코마고원자연학교는 바로 이 산 언저리에 위치해 있어요. 교육가인 사사키 도요시 교장이 1996년에 사비를 들여 설립한 곳으로, 1만 평이 넘는 광대한 경지에 교장과 교사들이 직접 통나무집과 건물을 짓고, 축사와 텃밭을 일구며 만들어온 학교죠.

구리코마고원자연학교는 모험교육, 탐험교육을 기본으로 '살아가는 힘'을 몸에 익히는 자연학습을 추구해요. '살아가는 힘'이란 1990년대 후반 일본 문부과학성이 발표한 새로운 교육목적 가운데 하나로, 사회가 어떻게 변하더라도 스스로 과제를 발견하고, 배우고, 생각하고, 주체적으로 판단하고, 행동하여 문제를 해결하는 자질과 능력을 뜻하죠.

처음에는 구리코마고원자연학교도 다른 자연학교처럼 참가자들에게 일반적인 자연체험 기회를 제공하는 곳이었어요. 그런데 1999년에 이 학교가 진행한 '어린이 자연체험마을' 캠프에 우연히 등교거부 청소년이 참가하면서 소외된 어린이와 청소년들에게 특별한 관심을 갖게 되었다고 해요. 캠프가 진행되는 두 주 동안 아이가 보여준 긍정적인 변화는 놀라울 정도였죠.

■ 단풍이 물들어가는 가을의 구리코마산

　구리코마고원자연학교는 이듬해인 2000년부터 '고우에이료(耕英寮)'라는 기숙제도를 운영하며 등교거부 청소년들을 받아들이기 시작했어요.

　아이들은 이곳에서 교사들과 함께 지내며 운동을 하거나, 산을 오르고, 계곡에서 수영을 하거나 카누를 타요. 텃밭에서 채소를 키우고, 닭과 토끼를 돌보며, 나무를 잘라서 난방용 장작을 준비하는 일도 하고요. 계절에 따라 시시각각 변하는 자연은 훌륭한 교실이 되어주죠. 아이들에게는 매일이 모험이고 탐험이에요. 매일 같은 교실의 같은 의자에 앉아 정해진 시간표대로 반복되는 학교 공교육 시스템과는 전혀 다른 시간을 보내는 것이죠.

　자연과 함께하는 모든 일에는 정답이 없기 때문에 아이들은 스스로 고민하고, 친구들과 의견을 나누고, 몸을 움직여서 자신만의 답을 찾아야 해요. 공교육이 꽉 짜인 교과서로 아이들을 가르친다면, 구리코마고원자연학교는 자연 속에서 보내는 일상을 통해 조금씩 아주 천천히 아이들을 변화시키고 있죠.

천천히 조금씩 삶의 문제에 맞서다

"선생님, 저 등산 가고 싶어요."

기숙사에서 지내는 소년의 이 말이 사사키 교장은 너무도 반가웠어요. 좀처럼 원하는 걸 말하는 일이 없는 아이였기 때문이에요. 처음 함께 산에 올랐을 때는 중간에 몇 번이나 바닥에 주저앉고, 한숨을 내쉬며 마지못해 따라오던 아이였어요.

그런데 몇 달 동안 기숙사 생활을 하면서 아이가 조금씩 변하기 시작했죠. 본인의 의지로 산에 오르자 일곱 시간 동안 쉬지 않고 걸었고, 돌아오는 길에는 카메라를 잃어버린 교사가 한 시간 넘게 산 이곳저곳을 돌아다니는데도 불평 불만 없이 도왔어요. 아이들이 자발적·창조적·적극적인 자세를 몸에 익힐 수 있도록 묵묵히 도와온 자연학교 교사들의 노력이 조금씩 눈에 보이기 시작한 날이었죠. 아주 작은 변화라고 할 수도 있지만 오랜 시간 세상과 단절되어 지내온 아이의 인생에 있어서는 매우 큰 진전이 분명했어요.

마음의 문을 닫고 혼자서만 지내던 아이들은 이곳에서 비슷한 고민을 가진 또래, 배려심 많은 교사들과 함께 지내며 광활한 자연이 주는 에너지를 온몸으로 받아들여요. 그리고 천천히 조금씩 삶의 크고 작은 문제에 맞서 용감하고 씩씩하게 살아가는 힘을 배우죠. 지금까지 100명이 훌쩍 넘는 등교거부, 은둔형외톨이 아이들이 이 학교를 거쳐갔답니다.

'자기자리를 찾지 못한 잡초'의 아픔과 고민은 사실 청소년만의 문제가 아니에요. 일하지 않고 일할 의지도 없는 20대, 30대 청년 무직자 역시 말할 수 없는 고민으로 힘겨워하고 있죠. 구리코마고원자연학교는 2006년부터 성인들을 위한 기숙 프로그램을 시작하여 이러한 청년들에게도 도움을 주고 있어요. 등교를 거부한 청소년이 바깥세상과 단절된 채 성인이 되면 청년 무직자가 될 수밖에 없다는 생각에서죠.

2011년은 동일본 대지진으로 일본 사회가 송두리째 바뀐 해였어요. 동일본 지역에 위치한 구리코마고원자연학교도 큰 피해를 입었죠. 구리코마산 일부가 붕괴되면서 학교건물 일부가 무너져내렸기 때문이에요. 그러나 구리코마고원자연학교는 이 시기를 '살아가는 힘'을 기르는 교육의 진가를 확인하는 계기로 삼았죠.

교사와 학생들은 모험교육, 탐험교육의 정신을 활용해 무너진 건물을 일으켜세우고, 피난 지역에 자원봉사센터를 세워 지역사회 고령자들의 생활을 지원하며, 일손부족으로 어려움을 겪는 지역 농민들의 농작물 출하를 도왔어요. 대지진이라는 유례없는 재난 속에서 구리코마고원자연학교가 학생들과 나누어온, '살아가는 힘'이라는 가치의 진가가 발휘된 순간이었죠.

사사키 교장은 자신이 쓴 책과 강연을 통해 자연학교가 사회문제의 해결에 앞장서는 사명을 가지고 있다고 강조해요. 등교거부, 은둔형외톨이 청소년들을 품어 세상 밖으로 한 발짝 내딛게 하는 구리코마고원자연학교의 교육은 사회문제 해결에 기여하고자 하는 실천의 하나죠. 아직 자기 자리를 찾지 못한 여린 풀 같은 아이들의 마음을 다독이고, 살아가는 힘을 몸에 익히도록 하는 교육, 그리고 지역사회가 마주한 어려움도 제 일처럼 나누는 교육, 바로 이것이 구리코마고원자연학교가 추구하는 교육이니까요.

구리코마고원자연학교의 사례는 모두를 위한 환경교육이 자신의 마음과 타인의 삶을 돌보고, 세상을 좋은 방향으로 바꿀 수 있는 무한한 가능성을 가지고 있음을 알게 해주죠. 변화가 아주 천천히, 조금씩 나타난다고 해도 그 변화가 갖는 의미는 한 아이의 인생을 바꿀 수 있어요.

환경교육을 학문으로 접하기 시작하며 종종 지난 경험에 비추어 내가 꿈꾸는 학교와 교육은 어떤 가치를 담고 있는지 생각해보곤 했어요. 무엇보다 아이들이 교육을 통해 자기 스스로를 아끼고 이웃을 돌보는 선한 마음을 익힐 수 있기를, 이 마음이 아이들이 마주할 거친 세상을 '살아가는 힘'의 근간을 이루기를 바라봅니다.

프로그램 엿보기

구리코마고원자연학교 고우에이료는 기숙제도와 산촌유학 두 가지 부문으로 운영되고 있다. 2018년 4월부터 장기기숙제도는 운영이 중단되었으나, 희망자는 단기체험, 캠프 등에 참가할 수 있다. 구체적인 내용은 구리코마고원자연학교의 홈페이지(kurikomans.com)에서 확인할 수 있다.

- **기숙제도:** 학교에 다니기 어렵거나, 사람들과 어울리는 것이 어려운 사람을 위한 기숙제도이다. 생활체험, 자연체험을 통해 자발적·적극적·창조적인 자세를 배우고, 자기자신을 되돌아보며 잠재된 가능성을 끌어낸다. 이곳의 하루 일정은 기숙생과 교사가 상담하여 정할 수 있다. 입소 전에 불규칙한 생활을 한 경우에는 식생활이나 수면 등 기본적인 생활을 규칙적으로 할 수 있도록 함께 일정을 정한다. 자신이 정한 일정대로 하루를 보내고, 개, 닭, 토끼를 돌보며 밭일과 장작패기, 눈 쓸기 등을 교사들과 함께한다.

- **산촌유학:** 구리코마고원자연학교에 머물며 구리하라 시내의 초·중학교에 다니면서 기숙사생, 교사가 함께 자연이 풍부한 환경 속에서 협동생활을 창조적으로 만들어가고 있다. 그 과정에서 자아를 재인식하고, 다른 사람과 관계 맺는 방법을 생각해가는 새로운 발견을 할 수 있다. 또 가족과 떨어진 환경에서 자립정신을 키우고, 강인한 마음과 타인을 배려하는 마음을 배우게 된다.

■ 디지털 대면이 보편화되면서 우리는 새로운 소통방식에 익숙해지고 있다.

2020 HEEJEONG

디지털 원격교육

우리는 교육 시스템이 이렇게 큰 규모로 중단된 것을
목격한 적이 없었습니다. 형평성과 포괄성 원칙에 근거한
교육 시스템 회복을 위해 혁신적이고 협동적인 행동을 촉구합니다.
교육은 보편적인 기본권으로서 계속되어야 합니다.

– 유네스코 사무총장 오드레 아줄레

● ● ●

2020년, 국제사회는 코로나(COVID-19)바이러스 확산으로 전례없는
감염병 위기와 사회 시스템의 변화를 겪고 있어요. 특히 마트에서
식료품을 사고 학교와 직장에 가는 등의, 매일 반복되던 일상생
활을 지속하지 못하게 되면서 전세계 사람들은 큰 혼란과 불안
을 느끼고 있어요.

유네스코에 따르면, 코로나 감염병 확산을 막기 위한 대대적
인 휴교조치로 전세계 학생의 87퍼센트, 180여 개 국가에 걸쳐

14~15억 명(2020년 3월26일 보도자료 기준)에 달하는 아이들이 학교에 가지 못했다고 해요. 매일 또래들과 어울려 배우고, 먹고 뛰노는 중요한 사회화 공간을 잃은 아이들은 불안감과 고립감을 호소하고 있어요. 아이들이 집에 머물면서 학부모들은 돌봄과 양육에 대한 부담을 호소하고 있죠.

많은 국가들은 학교교육의 공백을 해소하고자 온라인 교육 체제를 마련했어요. 인터넷망이 널리 보급된 산업화 국가들은 동영상 스트리밍이나 클라우드 같은 인터넷 플랫폼을 활용한 온라인수업을 진행하는 한편으로, 디지털 교육자료를 배포하고 학부모·교사·학생 간 원격소통을 하고 있어요.

앞으로는 모든 교육 시스템이 디지털 기술 기반의 원격교육으로 대체될 거라며 핑크빛 미래를 전망하는 사람들도 있지만, 디지털 기술 기반 원격교육은 지역간, 계층간 교육격차를 더 심화시킨다는 문제점을 안고 있어요. 컴퓨터나 스마트폰 같은 디지털 기기 보급률이 낮고, 정보통신 인프라를 갖추지 못한 개발도상국가의 학교들은 온라인수업이 아예 불가능하기 때문이에요. 코로나감염병의 확산으로, 이 학교들의 대부분은 이렇다 할 대안 없이 장기간 휴교를 결정했어요.

최근 OECD 통계자료를 보면, 스위스나 노르웨이 학생 가운데 95퍼센트가 컴퓨터를 활용해서 학교과제를 하지만 인도네시아에서는 34퍼센트의 학생만이 컴퓨터를 활용한다고 해요. 이 자료는 디지털 기반 교육환경이 가져온 교육격차의 심각성을 짐작할 수 있게 하죠. 예를 들어, 컴퓨터도 인터넷도 없는 파키스탄의 시골 마을에 사는 초등학생들에게는 국제기구에서 보내는 교과서와 손소독제, 비누에 의지해 집에서 형제자매들과 자습을 하는 것이 최선의 학습방법이에요.

한 국가 안에서도 격차는 존재해요. 우리나라 10가구 중 약 3가구는 실시간 원격수업을 할 수 있는 컴퓨터가 없어요(과학기술정보통신부 2019 인터넷 이용실태조사). 때문에 2020년 4월에 전국의 초·중·고등학교가 '온라인 개학'을 할 때, 정부는 컴퓨터 지원책을 급하게 마련해야 했죠. 기기는 마련되었지만, 학부모나 사교육 기관을 통해 적절한 학습지도와 보살핌을 받는 아동과 그렇지 못한 저소득층 맞벌이 가정이나 조손 가정 학생들이 돌봄 공백에 놓이면서, 학습효과에는 차이가 나타나기 시작했어요.

전문가들은 돌봄 공백이 한글교육과 같은 기초 학력 달성이나 자기주도학습 성과에 차이를 낳는다고 입을 모아요. 실제로 지난 8월의 조사에서, 전국 초·중·고등학교 교사의 80퍼센트는 2020년 1학기에 온라인수업을 실시한 결과 학생간 학습격차가 심화됐다고 응답했어요.

'배움은 결코 멈추지 않는다' 유네스코 세계교육연합 캠페인

유네스코는 지속가능한 발전목표(SDG) 가운데 하나인 '모두를 위

■ 다양한 원격교육 현장

한 양질의 교육'이 위기를 맞았다고 진단했어요. 전세계 14~15억 명의 학습자들이 마땅히 누려야 할 '교육받을 권리'를 침해받고 있다고 본 거예요. 이러한 문제인식 아래, 유네스코는 지난 3월말에 전세계 국제단체, 시민사회, 기업이 함께하는 '세계교육연합(Global Education Coalition)'을 만들었어요.

유네스코 사무총장 오드레 아줄레는 "교육은 기본적 권리이며 결코 멈춰서는 안 된다"는 입장을 다시 한 번 강조하면서 "세계교육연합은 각자 보유한 역량과 도구, 기술을 공유하여 교육의 질과 격차를 해결하기 위해 나설 것이며, 교육에 있어 '누구도 소외되지 않도록' 혁신적이고 최적화된 해결책을 제시할 것"이라고

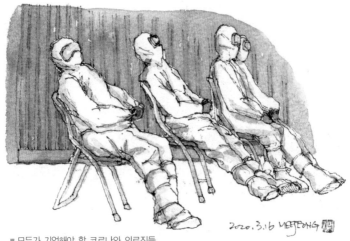

■ 모두가 기억해야 할 코로나와 의료진들

밝혔어요.

세계교육연합은 전세계 교육 현장을 하이테크(hi-tech), 로우테크(low-tech), 노테크(no-tech) 3가지로 분류하고, 각각의 학교나 단체가 사회적 거리두기 상황에서도 교육을 이어갈 수 있는 해법과 자원을 공유하고 있어요. 예를 들어, 디지털 교육자료나 전자기기를 제공할 수 있는 학교와 도움이 필요한 학교를 연결하고, 기부받은 물자나 서비스가 필요한 곳곳에 도달할 수 있도록 모니터링하는 거예요. 인터넷이 보급되지 않은 지역에서는 TV나 라디오 방송을 활용하여 자습하고 교사와 문자메시지로 소통하면서 수업을 대체하는 방법을 안내하죠.

전세계에서 시시각각 생겨나는 창의적인 해결책들을 유네스코 홈페이지와 사회 연결망 서비스를 통해 지속적으로 공유하는 것 역시 세계교육연합의 중요한 역할이에요.

세계교육연합 캠페인은 전세계 어떤 단체라도 쉽게 참여할 수 있어요. 코로나 사태로 휴교기간이 길어지면서 집에 고립된 교육소외계층 학생들에게 무료로 제공할 수 있는 도구나 서비스, 물적 지원 방안을 마련해서 유네스코에 제안하면 돼요. 학교나 지역사회 차원에서 쓰지 않는 컴퓨터나 스마트기기, 디지털 학습 자료를 모아서 기증하거나, 온라인 강의에 영어자막을 달아서 무료로 공유할 수도 있어요. 교재나 교구를 제작하는 업체들도 기존 제품이나 서비스를 활용해서 이들을 도울 수 있죠.

미래의 교육은 어떤 모습일까?
에듀테크와 모두를 위한 교육

코로나 감염병 위기는 국제사회로 하여금 지금까지와는 다른 학교교육을 실행하도록 만드는 급진적인 계기를 마련했어요. 디지털 기술을 활용한 원격교육이 불가피한 상황에서, 특히 '에듀테크(Edu-Tech; 교육과 정보통신기술의 융합)'가 많은 관심을 받고 있죠. 그동안 꾸준히 성장세를 보였던 관련 업계의 매출은 2018년 1,520억 달러에서 2025년 3,420억 달러로 늘어날 것(미국 데이터연구기업 홀론아이큐 추정)이라는 전망이 발표되었고, 코로나 바이러스가 잦아든 뒤에도 디지털 기술을 활용한 학교교육이 이전보다 큰 비중을 차지할 것이므로 여기에 대비해야 한다는 논의 또한 활발해요.

이런 전환점을 맞은 시기일수록, 우리는 '교육은 기본권으로서 모두에게 공평하고 모두를 포함해야 한다'는 본연의 가치를 되새겨야 해요. 기술 진보의 장점을 최대한 누리는 방향으로 교육과정과 학교체계를 고민하되, 교육격차가 심화되지 않도록 보완책을 마련해야 해요. 또한 기술이 창출하는 경제적 부가가치에 초점을 맞추기보다는 새로운 기술이 전과는 다른 무엇을 교육현장에 제공할 것인지, 또 제공해야 하는지와 같은 다양한 질문과 탐구를 해야 해요.

사회적 거리두기가 해제되고 이전처럼 교실이 교사와 학생들로 북적이게 될 때에도 온라인 원격수업이 필요할까요? 그렇다면 누구에게 왜 필요할까요? 기존 학급과 교육과정의 틀 안에서 이루어지는 수업 외에도 원격기술을 활용하여 학교교육을 더 풍성하고 재미있게 만들 수 있는 방법은 무엇일까요?

마지막으로 디지털 교육 논의에서 빠지지 않는, 스크린 밖에서 오감으로 직접체험하는 '살아 있는 배움'의 기회가 줄어드는 현실에 대한 고민도 필요해요. 지금 우리는 온라인과 오프라인, 디지털과 아날로그 요소를 모두 아우르는 교육현장을 만들어야 하죠. 최신 인터넷 플랫폼이나 전자기기를 활용할 때도 학생들이 배우고 논하는 대상은 우리가 발 딛고 서 있는, 실재하는 현실이에요. 교육은 이 점을 기억하면서, 학생들이 인터넷이라는 넓은 정보와 교류의 바다에서 자율성과 호기심을 발휘하도록 이끌어야 할 거예요.

프로그램 엿보기

온라인교육 우수사례
난민 출신 선생님과 평화교육을 제공하는 '나타칼람'

나타칼람((NaTakallam; 아랍어로 '우리는 말한다'는 뜻)은 내전이나 정치적 박해
를 피해 자국을 떠나 난민이 된 사람들과 전세계 100개가 넘는 학교의 학
생들을 연결해주는 언어교육·문화교류 플랫폼이다. 나타칼람은 디지털 기
술을 지극히 인간적인 대면대화에 활용하면서 비판적 사고와 공감능력을 갖
춘 세계시민을 길러내고자 한다. 난민들의 어려운 처지에 공감하는 마음과
난민을 만들어내는 세계정치현실에 대한 비판의식으로 시작되었기 때문에
나타칼람은 단순히 언어수업만 하지 않고, 글로벌 정치경제, 국제분쟁조정,
인권과 저널리즘, 지속가능한 발전 등을 주제로 한 프로그램을 운영한다.

〔수업 주제〕
- 망명과 이주
- 비판적 사고: 복잡한 사회 이슈를 분석하고 조사하기
- 이슬람교 근본주의 알아보기
- 아랍어와 스페인어 회화표현 익히기
- 다문화 소통능력 기르기
- 강사진: 시리아에서 이라크로 망명한 음악교사이자 번역가 샤디(Shadi), 시
  리아에서 영문학을 공부하던 중 터키로 망명한 겐와(Ghenwah), 베네수엘라
  의 내전을 피해 현재 코스타리카에 살고 있는 스페인어 강사 및 여행사 대
  표 마리아넬라(Marianela) 등 레바논, 아르헨티나, 터키, 예멘, 이라크, 아프
  가니스탄, 온두라스 출신의 망명자 다수.

넷째 마당
공감과 책임

■ 충분함의 경제철학을 배우는 태국의 학습센터 입구

충분함을 배우다

2020 MEEJEONG

| 태국 |

'인펭의 아이들' 프로젝트

지구는 모든 사람의 필요를 충족시키기에 충분하지만
단 한 사람의 욕심을 채우기에는 부족하다.

− 마하트마 간디

● ● ●

원하는 만큼 양껏 먹을 수 있는 뷔페 식당이나 공중화장실 등 무언가를 자율적으로 선택해서 가지고 갈 수 있는 곳에서 '딱 필요한 만큼만!'이라는 안내문구를 본 적이 있나요? 한 사람이 욕심을 부려 지나치게 많이 가져가지 말자는 뜻이지만, 사실 결코 쉽지 않은 일이에요. 다 먹을 수 있다는 생각에 욕심껏 담았다가 낭패를 보는 경우도 종종 있죠. 학교급식에 인기메뉴가 나오는 날이면 음식물쓰레기가 더 많이 나오는 이유이기도 해요.

자본주의 소비사회에서는 나에게 필요한 것이 무엇인지, 얼마나 필요한지를 판단할 때 사회문화에 지배받기 쉽습니다. 그

물건이 나에게 필요한지, 뭐가 좋은 것인지 몰라도 반복적으로 다양한 형태의 광고에 노출되다 보면 문득 '나도 하나 필요해'라는 생각이 들곤 하기 때문이죠. '저 물건이 있으면 이런 기분이겠지?'라는 상상을 하다 보면, 어느 순간 그 물건은 나에게 반드시 필요한, 무리해서라도 사야 하는 것이 되고 맙니다.

문제는 욕심은 계속 재생산되는데 그 욕망을 충족시킬 자원이 한정되어 있다는 데 있어요. 그래서 우리 현대인에게는 끝없는 욕심과 진정한 필요를 구분하고 또 행동으로 옮기는 일이 매우 중요한 과제죠. 이러한 이유로 여기서는 '충분함을 아는 지혜'를 강조하는 태국의 '충분함의 경제 철학(sufficiency economy philosophy)'을 이야기해보려고 해요.

국왕 라마 9세의 '충분함의 경제철학'

"최근 수많은 사업들이 추진되고 공장도 많이 지어지면서 태국이 작은 호랑이가 되었다고, 얼마 후엔 큰 호랑이가 될 것이라고들 했습니다. 우리는 호랑이가 되기 위해 정신없이 달려들었습니다.

하지만 사실 호랑이가 되는 건 중요하지 않습니다. 중요한 것은 충분함의 경제입니다. 충분함의 경제란 우리가 살기에 충분한 양만큼 가지는 것입니다. 전부 다 가져야 하는 것도, 반을 가져야 하는 것도 아니고, 어쩌면 4분의 1만 가져도 살아갈 수 있습니다.

현대 경제학을 좋아하는 사람들은 이 말을 받아들이지 않을지 모릅니다. 하지만 우리는 조심스럽게 한걸음 물러서서 봐야 합니다."

1997년 12월 4일, 당시 태국 국왕이었던 라마 9세 푸미폰 아둔야뎃 왕이 생일 연설에서 한 말이에요.

'아시아의 호랑이'로 급부상하던 태국 경제는 전세계를 강타한 금융위기 때문에 큰 타격을 받았습니다. 외국 투기자본으로 빚을 내어 무리하게 투자를 했다가 갑작스럽게 위기를 맞은 거예요. 이런 시기에 나온 국왕의 연설은 큰 반향을 일으켰고, 충분함의 경제철학은 태국 국가발전계획의 기본철학으로 자리매김했죠.

'과연 우리가 가는 방향은 옳을까?', '더 부유해지는 것이 당연히 좋은 걸까?' 라마 9세는 국민 모두에게 질문을 던졌고, 1950년대부터는 가난한 농민들을 위한 농업 혁신을 추진하면서 충분함의 경제철학을 정립하기 시작했어요.

도시 중심의 경제발전으로 농업에 종사하는 국민 대다수의 삶이 피폐해지지 않도록, 라마 9세는 물고기를 기르고 다양한 종의 곡물들을 섞어 심으면서 손쉽고 생태적인 농업기술을 개발하여 보급했어요. 직접 왕궁 정원에서 기술개발을 연구하고, 왕실 재산과 영지를 이용하여 농민들을 교육하고 기술을 보급했죠.

라마 9세는 농민들의 삶을 윤택하게 만드는 한편으로, 농약 사용을 줄이고 자연을 착취하여 파괴하지 않는 '충분함의 농업' 모델을 전파하기 위해 왕실 별장을 충분함의 철학을 교육하는 교육센터로 바꾸기도 했어요.

라마 9세의 '충분함의 경제철학'이 국민들에게 반향을 얻을

■ 직접 만든 EM효소와 마을 강의 물고기를 조사하여 전시하는 초등학생들

수 있었던 건 국민생활을 개선하기 위해 지프차를 타고 카메라를 목에 건 채 전국 곳곳을 다니며 수천여 개의 실천사업을 현실에 적용가능한 수준으로 발전시켰기 때문이에요.

'인팽의 아이들' 프로젝트

충분함의 경제철학은 지나친 검소함이 아닙니다. 내 선택이 가지는 사회적 의미와 미래세대에 대한 책임을 충분히 이해하고 무리하지 않는 범위 안에서 절제된 언행을 실천하는 것이에요.

필요와 욕망 사이, 너무 적지도 너무 많지도 않은 그 '충분함'의 지점을 어떻게 체득할 수 있을까요? 미래 우리의 생존이 달린 문제이니만큼 그 어떤 것보다도 중요한 기본가치로서 어릴 때부터 학교에서 가르쳐야 하지 않을까요?

태국의 학교교육에 충분함의 철학이 적극적으로 도입된 것은 처음 농업운동이 일어난 반 부아마을에서부터였습니다. '인팽의 아이들' 프로젝트는 마을 아이들이 마을 공동체와 문화적인 뿌리를 제대로 이해하고 비판적 사고력, 의사결정능력, 리더십, 여럿이 함께하는 팀워크를 배울 수 있도록 하자는 데서 시작되었어요.

마을학교의 아이들은 가난한 지역들을 방문해서 문제의식을 키우고, 마을 숲에서 그 지역의 자연생태를 배워 스스로 묘목을 기르고 숲을 가꾸고 채소를 길러 얻은 수익으로 가난한 이들을 돕는 활동을 했어요. 공동체의 어른들을 찾아가서 그 지역에 전해 내려오는 이야기나 전통 노래, 춤을 배우기도 했죠.

이같은 충분함의 교육은 아이들이 더 적극적으로 배우고 자신있게 질문하고 행동하도록 만들었어요. 여기에 학부모들이 호응하면서 '인팽의 아이들' 프로젝트는 전국적으로 확산되었어요.

필요와 욕망, 그 사이 어디쯤의 충분함

우리나라는 화려한 물자가 넘쳐흐르고 경쟁적으로 더 많은 것을 욕망합니다. 경제력은 세계 11위에 올라 있죠. 그러나 지금 우리는 한정된 지구의 자원을 화수분으로 착각하며 파산을 향해 달려가고 있어요.

오늘 아침에 옷장을 열고 "입을 옷이 없다"며 투덜대지는 않았나요? 옷장 가득 각양각색의 옷들이 가득 차 있는데도 말이죠! 우리는 지금 필요와 욕망, 그 사이 어디쯤에 있나요? 충분함이란 어느 정도일까요?

■ 충분함의 경제원칙을 알기 쉽게 설명하는 초등학생들

값싸게 만들어 한철 유행할 때 입고 버리는 '패스트 패션(fast fashion)'으로 의류쓰레기가 산을 이룹니다. 값싸게 만들려다 보니 석유로 만든 폴리에스터 의류가 급증하고, 면화를 재배하기 위해 농약을 사용하며 또 가공하는 과정에서 발생하는 유해물질로 강이 오염되고 있어요. 아동을 대상으로 하는 노동착취 역시 계속되고 있죠.

각종 광고의 유혹에 현혹되는 대신, 오래도록 아끼며 입을 수 있는 튼튼하고 질 좋으며 윤리적으로 생산된 옷을 적당한 양만큼만 사는 일. 이것은 단 하나뿐인 지구에서 모두 함께 살아가기 위한 당연한 일상이 되어야 합니다.

오늘날 전세계 청소년들은 기후위기에 크게 걱정하고 또 분노하고 있어요. 어른세대가 마구잡이로 고갈시키고 또 파괴한 자연의 대가를 미래를 살아갈 청소년들이 짊어져야 하기 때문이죠.

2020년 2월에 영국의 청소년들은 국회의사당을 찾아가 '우리 청소년들은 우리가 맞닥뜨릴 미래를 준비하는 교육을 받을 권리가 있다'며 교육정책을 개혁해달라고 강하게 요청했어요. 과학시간에 기후위기의 원인을 배우는 것만으로는 결코 미래를 살아갈 수 없고, 한정된 자원을 고갈시키며 무한정 욕망을 채워가는 오늘날의 경제관으로는 점점 사라져가는 자원과 이로 인한 전쟁과 파국을 피할 수 없다는 인식에서였죠.

무한함의 환상에서 깨어나 현실을 직시하고 미래를 계획하는 충분함의 지혜가 우리 모두에게 필요한 때입니다.

충분함의 경제철학

충분함의 경제는 개인, 가정, 공동체에서부터 국가 개발에 이르기까지 다양한 수준에서 적용가능한 접근법이에요. 라마 9세가 1970년대에 정립한 이 철학의 핵심은 크게 3가지예요.

- **절도**: 과도한 소비와 욕심을 절제하고 적정한 수준으로 생활할 것
- **통찰력 있는 지혜**: 합리적이고 분석적인 사고를 통해 나의 선택이 나 자신뿐만 아니라 사회와 미래세대에게 가져올 결과를 고려한 다음에 행동에 옮길 것
- **저항성**: 내외부의 다양한 변화와 충격에 대한 회복탄력성을 키울 것

■ 사막 한복판에 지어진 나딧–나미브 사막 환경교육 시설

사막 한가운데서 일상을 되돌아보다

2020 MEEJONG

| 나미비아 |

사막 속 환경교육 시설 '나딧'

세상에서 보기를 바라는 변화, 스스로 그 변화가 되어야 한다.

－마하트마 간디

● ● ●

부우웅… 나미비아의 수도 빈트후크에서 출발한 버스가 노란 모래바람을 일으키며 사막을 가로지릅니다. 여섯 시간쯤 달리면 둥그런 모래언덕들이 가득한 사막 한가운데 버스가 멈춰요.

그렇게 주변을 두리번거리며 10분쯤 걷다 보면 모래언덕들 사이로 나무로 만든 '나딧-나미브 사막 환경교육 시설(NaDEET-The Namib Desert Environmental Education Trust)'의 건물을 볼 수 있어요.

사막 한복판에 나무로 지어진 이 단출한 교육시설은 20여 년 전에 뜻있는 활동가들이 시작한 교육장이에요. 접근성이 낮은 곳인데도 지난 20여 년간 13,000여 명의 교육생들이 다녀갔고, 매번 예약이 꽉 찰 정도로 인기가 많아요. 비결은 이곳의 체험활동에 있죠.

나딧에서는 환경에 대해 가르치는 것과 행동하는 것 사이의 간극을 메우기 위해서 학생, 교육가, 학부모, 지역민에게 다양한 교육 프로그램을 제공해요. 다양한 생명이 함께 사는 것이 왜 중요한지, 세상을 변화시키기 위해서 내가 할 수 있는 일은 무엇인지 등은 체험을 통해서 생생하게 깨달을 수 있기 때문이에요.

나딧의 프로그램은 생물종 다양성이나 지속가능한 생활방식, 자연과 인간이 조화롭게 더불어 사는 방법을 중심으로 짜여 있어요. 예를 들어, 빛의 반사와 흡수에 대해 실험해본 다음, 뜨거운 사막의 햇빛 아래에서 풍뎅이가 어떻게 햇빛을 반사하며 살아가는지 관찰하는 거예요. 점심에는 이 햇빛을 이용하여 태양광 조리기로 피자를 만들어 먹죠. 모두가 참가자들의 마음속에 잠자고 있는 호기심을 깨우는 체험활동들이에요.

사막 한가운데서
내 생활을 되돌아보다

나딧 프로그램에서 가장 기본이 되는 활동은 이곳에 머무르는 동안 자신이 사용한 에너지의 종류와 양을 꼼꼼하게 기록하는 일이에요. 좀 더 나은 세상을 이야기하기 전에 먼저 나를 되돌아보는 시간이 필요하다는 생각에서 시작된 활동이죠.

에너지 일기 쓰기는 결코 간단하지 않고, 또 많은 것을 깨달게 해요. 예를 들어, 전기밥솥으로 밥을 지은 다음 보온으로 해 두면 냉장고보다 전기가 많이 필요하므로, 작은 전기밥솥으로 먹을 만큼만 밥을 짓고 전선을 뽑아두거나 압력밥솥으로 밥을 지어 에너지 사용을 줄여야겠다는 깨달음을 얻을 수 있죠.

또 하나의 규칙은 12리터 양동이에 물을 받아 샤워하는 거예요. 이 활동으로 교육생들은 자연스럽게 물을 절약하는 생활 습관을 익히게 되죠. 이뿐만이 아니에요. 교육생들은 시설에 머무르는 동안 내가 만드는 쓰레기를 꼼꼼하게 기록하고 분류하고 재활용하는 것은 물론, 숲 파괴를 막기 위해 화목난로를 쓰고 태양광을 이용하여 요리를 하죠.

이렇게 일주일을 지내고 나면 누구라도 주변 생명과 생태계의 일원으로서 자신은 어떤 존재인지 생각해보게 돼요.

다른 곳과 구별되는 이곳 프로그램만의 특징은 또 있어요. 학생들은 자신의 학년에 맞는 국어, 수학, 과학 등의 정규교육과정 내용을 체험활동과 연결해서 배울 수 있어요. 초등학생들은 자신의 생태발자국을 측정하며 왜 환경을 지켜야 하는지 배우고, 중학생들은 인간과 환경 간의 관계를 성찰해보고 비판적이고 창의적인 사고를 키울 수 있고요.

친환경적인 방법들을 실생활에 바로 적용하는 방식으로 교육하기 때문에 나딧의 교육 프로그램은 인근 마을 주민들에게도 인기가 높아요. 예를 들어, 태양광 조리기나 열효율이 높은 친환경 스토브를 사용하는 방법을 배운 현지 주민들은 전기세를 아낄 수 있고, 전기를 공급받지 못하는 가난한 주민들은 땔감용 나무를 구하기 위해 수 킬로미터를 걸어야 하는 고생을 덜 수 있기 때문이죠.

가까운 병원에서는 태양광 조리기를 이용하여 이유식을 준비하면서 비용을 아끼는 동시에 지역 주민들 사이에 태양광 조리기를 쓰도록 하는 홍보대사 역할도 하고요.

"세상을 바꾸는 일은 머리에서 가슴까지, 그리고 가슴에서 손까지의 거리만큼 가까운 일이다"라는 말이 있어요. 머리로 아는 지식을 마음으로 깨닫고 그 깨달음을 손으로 실천에 옮기는 일들이 모이고 모여 세상을 바꾼다는 뜻이에요. 하지만 결코 말만큼 쉽지 않은 일이죠.

"에너지 절약? 그래 좋지. 해야지. 그런데…"

이런저런 핑계로 때로는 머리에서 가슴까지 두어 뼘 되는 거리를 가는 데 평생이 걸리기도 합니다. 머리에서 가슴에서 다시 손으로 가는 길은 또 얼마나 먼가요? 썩는 데만 500년이 걸린다는 플라스틱이 지구에, 또 우리 스스로에게 얼마나 해로운가를 알면서도 이런저런 이유로 장바구니에 슬그머니 담고 있는 자신을 되돌아보면 말이지요.

나딧에 머무는 동안 머리에서 가슴으로, 그리고 다시 손으로 이어지는 다양한 활동을 경험하다 보면 제대로 길이 닦입니다. 때문에 나딧에서 교육받은 사람들은 집으로 돌아온 다음에도 지속가능한 삶을 이어갈 수 있어요. 이들은 먼저 자신의 생활방식을 되돌아보고 지속가능한 삶을 위한 자기만의 작은 프로젝트를 시작합니다.

학생 때 나딧에서 체험교육을 받은 다음, 몇 년 동안 환경과 인간관계에 대한 성찰을 이어가다가 교사가 되어 학생들을 데리고 다시 이곳을 찾는 사람들도 있어요.

주말 점심에 무엇을 먹을지 생각하는 것부터 친구의 생일선물을 고르는 일까지, 우리 주변에는 당장 오늘부터 실천해볼 수 있는, 환경을 생각하고 아끼기 위한 멋지고 다양한 활동들이 있습니다. 이 실천들은 책임 있는 지구인으로서의 의무인 동시에 나와 내가 사랑하는 이들이 오래도록 건강하게 이 지구에서 살기 위한 일이기도 해요. 나 스스로 세상에서 바라는 변화가 되는 일, 충분히 해볼 만한 가치가 있지 않나요?

프로그램 엿보기 - 나로부터 시작되는 변화

나와 지구를 소중히 아끼는 지속가능한 생활을 배우기 위해 모두가 나미비아 사막으로 가야 하는 건 아니다. 유엔기구들과 전문가들은 지속가능한 생활안내서에서 식습관, 이동수단, 쇼핑, 집과 가구, 여가시간 등 5가지 분야의 쉬우면서도 효과적인 실천방법을 제시하고 있다.

식습관

· 건강한 음식을 먹을 만큼만 덜어 남기지 않고 먹는다. 스스로 며칠 동안 실천하여 익숙해지면 집에서 뿐만 아니라 학교나 식당에서 남기는 음식물의 양도 관심 있게 살펴보고 남김없이 먹는 방법이 무엇일지, 남은 음식을 주변의 필요한 이웃들과 나누고 있는지 등을 생각해볼 수 있다. 지렁이 퇴비화분을 만들어보는 것도 남은 음식의 양을 스스로 체크해볼 수 있는 방법이다.

· 붉은 고기와 유제품을 줄이고 채소와 해산물, 닭고기와 같은 흰살 육류를 더 많이 먹도록 노력한다. 한 사람이 일주일 동안 먹는 소고기, 양고기 양을 어른 손바닥 하나 크기만큼으로 줄이면 과학자들이 권고하는 정도로 기후위기를 줄일 수 있다는 사실, 같은 양의 단백질을 생산하는 과정에서 소고기는 돼지고기, 닭고기에 비해 각각 6배, 9배 더 많은 이산화탄소를 배출한다는 사실을 알아두자. 채식을 하지 않더라도 '고기 먹지 않는 월요일 운동' 등에 동참할 수 있다. 집이나 학교, 단골식당에 나와 지구의 건강에 좋은, 맛있는 채식 메뉴를 개발해달라고 얘기해보는 건 어떨까?

교통

· 내가 주로 어떤 이동수단을 이용하는지 살펴보고, 걷거나 자전거를 타거나 대중교통을 이용하는 비율을 더 높이도록 노력할 수 있다. 우리 동네가 걸어다니거나 자전거 타기에 안전한지 살펴보고, 자전거 거치대나 가로등을

더 설치하고 걷는 길 주변으로 꽃을 심는 등 환경을 개선할 수 있는 실천 방안들을 학교, 주민센터와 같은 관련 기관에 요청할 수 있다.

쇼핑

- 질 좋고 튼튼한 물건을 소량으로 사서 오래도록 아끼고 고쳐쓰는 현명한 소비가 필요하다. 물건을 사기 전에 꼭 필요한지 생각해보고 빌려서 쓰는 방법은 없는지 체크해본다. 예를 들어, 어린이 장난감처럼 특정 기간에만 필요한 물건일 경우 장난감 도서관이나 장난감 대여 서비스를 활용하면 좋다. 어린 조카에게 장난감 대신 장난감 대여 서비스 이용권을 선물하는 것은 어떨까?
- '내 사전에 일회용품은 없다'라고 결심하고 일회용품을 거절한다. 내가 한 번 쓰고 버린 일회용 플라스틱 제품이 500여 년을 썩지 않고 지구에서 돌아다닐 상상을 해보자. 자신이 쓰는 컵, 수저, 손수건 등을 챙기는 작은 습관 하나만으로도 미래를 바꿀 수 있다.
- 종이, 플라스틱, 옷감 등 생태발자국이 큰 재질의 사용을 줄이는 방법이 없을지 생각해본다. 이면지 쓰기 같은 간단한 일부터 안 입는 옷을 나눠주거나, 포장재가 적은 제품, 가공품보다는 신선제품을 사는 등의 다양한 방법이 있다. 내가 애용하는 제품이 플라스틱 등으로 포장되어 있어서 구매가 꺼려진다면? 똑똑한 소비자로서 잠깐 시간을 내어 그 제품을 만드는 회사 홈페이지 등에 의견을 남기자. 제품의 주고객인 내가 직접 제시하는 의견은 생각보다 큰 영향력을 발휘할 수 있다.

집과 가구

- 우리집 에너지 사용량을 직접 점검해보고 에너지 사용량을 줄일 수 있는 방법이 없는지 살펴본다. 전기밥솥에 밥을 해두고 전선을 종일 꽂아두는

건 아닌지, 대기전력을 줄이기 위해 스위치가 있는 멀티탭을 연결해서 손쉽게 끄고 켤 수 있도록 하는 건 어떤지 가족들과 이야기해볼 수 있다. 한 발 더 나아가 집에서 직접 태양열발전을 하는 것은 어떤가?

• 나만의 예쁜 공간을 꾸며보자. 가능하면 벼룩시장이나 중고사이트에서 중고가구를 구입해 창의적인 방법으로 인테리어를 하면 어떨까? 튼튼하고 지속가능한 방법으로 생산되었다는 인증표시가 있는 좋은 물건을 골라 오래도록 아껴 써보자.

여가생활

• 생일, 100일 기념일, 결혼식, 졸업식, 돌잔치 등 특별한 날을 어떻게 하면 지속가능하게 보낼 수 있을까? 가장 간단한 방법은 기념일 축하 자리에서 일회용품을 쓰지 않고, 불필요한 포장이 많이 된 답례품을 줄이는 것이다. 일회용 풍선과 같은 장식품 대신 주변에서 구할 수 있는 자연물이나 재활용 공예품을 이용해 행사장을 꾸밀 수도 있다. 실용적인 선물을 주고받거나 물건 대신 공연관람표, 수강권, 회원권 등의 '경험'을 선물하는 방법도 좋다. 가능하다면 직접 만든 수공예품을 선물하거나, 선물받는 이의 이름으로 좋은 일에 기부하고 나무를 심을 수도 있다.

• 산책, 등산 등 주변에서 쉽게 할 수 있는 여가생활을 즐기며 내가 사는 지역의 다양한 체험거리를 탐색해본다. 여행을 갈 때는 비행기 대신 버스, 기차 등 다른 교통수단이 없는지 살펴보고 여행지의 숙소를 고를 때도 지속가능한 숙소 인증이 된 곳을 우선적으로 선택한다. 관심 있는 숙소에 지속가능성 인증이 잘 표시되어 있지 않은 경우, 예약 전에 직접 문의해보는 약간의 수고로움을 실천하는 것만으로도 숙박업소의 긍정적인 변화를 유도할 수 있다. 여행지에서도 동물을 학대하거나 지역민들에게 수익을 돌려주지 않는 관광상품보다는 착한여행 생태관광 프로그램을 선택한다.

■ 대표적인 환경도시 독일 프라이부르크의 모닝마켓

내 손에서 시작되는 경제순환

MEEBONG

대안시티투어 '카우프라우슈'

소비주의는 여성 인권에 대한 고민을 방해한다.
이라크에 대해서 생각하지 못하게 한다. 아프리카에서 무슨 일이 일어나는지
생각해보는 것도 막는다. 아예 생각 자체를 잘 못하도록 만든다.

ㅡ미국의 팝가수 핑크

●●●

2018년 경제협력개발기구(OECD)에서 발표한 자료에 따르면, 우리
나라 국민 한 사람이 하루에 버리는 쓰레기 양은 평균 929.9그램
입니다. 결코 적지 않은 양인데도, 이는 OECD회원국 평균의 60퍼
센트 수준이라고 해요. 우리나라는 OECD회원국 중에서 쓰레기
배출량이 네 번째로 적은 국가로 꼽히죠.

그렇다면 날마다 전세계적으로 얼마나 많은 쓰레기가 쏟아져
나오는 걸까요? 우리는 지금 이 순간에도 거대한 쓰레기더미들이
화물선에 실려 잘사는 나라에서 가난한 나라로 팔려가거나 땅에

묻혀 주변 식생을 오염시키고, 연기를 뿜으며 불태워지고 있음을 기억해야 합니다.

산업화사회 소비자 입장에서 명확한 한 가지는 쓰레기의 출발이 소비에 있다는 점이에요. 쓰레기가 처음부터 쓰레기는 아니기 때문이죠.

소비자가 땀흘려 번 돈으로 구입한 먹음직스러운 과일이나 멋진 점퍼, 새로 나온 블루투스 스피커 등은 생활에 필요해서, 또 여가에 도움을 주기 위해서 탄생했지만 그 수명을 다하지 못하고 버려지는 경우가 많아요. 처음부터 너무 많이 생산된데다, 광고나 유행에 현혹되어 충동구매를 한 탓에 얼마 지나지 않아 쓸모없는 물건이 되어버리기 때문이에요.

기후위기 시대에 개개인이 할 수 있는 중요한 일은 단연코 책임 있는 소비, 절제하는 소비생활이라고 생각해요.

블랙프라이데이는 미국에서 가장 큰 쇼핑행사가 열리는 날이에요. 각종 마케팅과 할인행사들이 쏟아지고, 소비자들은 기꺼이 지갑을 열죠. 블랙프라이데이는 매년 몸집을 키워왔고, 2019년에는 블랙프라이데이 하루 온라인 매출액만 74억 달러(약 8조 7300억 원)를 기록했어요.

경제규모가 전세계 2위인 중국에도 '미국의 블랙프라이데이'라 불리는 '광군제'가 해마다 몸집을 키워가고 있어요. 11월 11일에 싱글들이 선물을 맞교환하는 데서 시작된 날로, 2019년에는 광군제 하루 매출액이 역대 최고액인 2684억 위안(약 44조 원)을 기록했다고 해요.

다른 나라 이야기만이 아니에요. 우리나라 온라인 시장은 싼 값에 물건을 사고파는 경쟁이 극에 달해 있고, 소비자들은 저렴한 가격과 광고에 현혹되어 물건을 주문하곤 해요. 집과 사무실로 하루에도 몇 개씩 택배상자가 배달되죠.

폭주하는 소비생활로 쓸모없는 물건, 버리는 물건이 점점 늘어나면서, 지금 지구는 감당할 수 없는 쓰레기로 몸살을 앓고 있어요.

이러한 때에 환경교육은 소비생활에 제동을 걸고 보다 책임 있는 소비, 절제하는 소비, 윤리적인 소비로 방향을 전환할 수 있는 교육으로까지 나아가야 합니다.

물건을 통해 서로 연결된 생산자, 노동자, 소비자

마트에서 사먹는 바나나부터 샴푸와 같은 생활용품, 매일 걸치는 외투에 이르기까지 대부분의 일상용품들은 전세계 곳곳의 많은 자원에 노동이 더해져서 만들어집니다. 우리 모두는 물건을 통해 생산자, 노동자, 소비자로 연결되어 있어요.

이러한 관계가 궁금하고 더 알고 싶다면 어떻게 해야 할까요? 물건이 담고 있는 뒷이야기, 편리하고 값싼 세계무역의 어두운 이면을 자각하자는 목소리를 따라가면 됩니다. 윤리적이고 책임 있는 소비자를 지향하는 '공정무역', '윤리적 소비' 운동이 그 예죠. 기후위기 시대에 필요한 '친환경 소비'도 빼놓을 수 없어요.

일상에 깊이 뿌리박힌 소비활동은 '내'가 누구인지를 나타내는 지표가 됩니다. 소비자 운동이 중요한 이유가 여기에 있죠. 소비자 운동은 일상적인 소비를 통해서 각자가 믿는 가치와 지향을 사회 곳곳에 전달하는 역할을 해요. 이를 통해 우리는 사회 불평등과 생태계 파괴를 조금이라도 늦추는 역할을 할 수 있어요.

물건을 새로 사지 않고 이웃과 나눠쓰고 바꿔쓰는 일부터, 공정한 이윤분배 없이 누군가의 노동을 평가절하한 값싼 물건을 적극적으로 불매하는 일, 제기능을 하지 못하게 된 물건의 생명을 연장하는 업사이클링 활동 등이 그 예가 될 수 있어요.

대형 슈퍼마켓보다는 지역 먹거리와 영세농업을 지원할 수 있는 도농 직거래 장터나 공동체 지원 농가(CSA)를 찾는 것도 좋은 방법이에요. 불필요한 포장재와 교통혼잡을 일으키는 온라인 쇼핑 대신, 지역의 공정무역 매장이나 중고품 가게를 이용할 수도 있죠.

문제는 실천입니다. 몸에 익은 생활습관을 고치기 위해 일방적인 정보전달보다 더 효과적인 교육방법은 없을까요? 이 질문을 품고 '책임 있는 소비자', '정의로운 세계화', '지속가능한 사회'라는 세 가지 주제를 시티투어와 참여형 수업으로 풀어내며 많은 시민들을 만나는 시민단체 '카우프라우슈(KauFRausch)'를 만났습니다.

'착한 지구 시민'이 되고픈 이들을 위한
소비생활 가이드

카우프라우슈는 2003년부터 프라이부르크 시내 중심지에서 대안시티투어를 제공하고 있어요. 이 활동은 세계화와 지속가능한 소비를 주제로, 참가자들로 하여금 자신의 일상적인 소비생활과 '기후위기,' '생물종 다양성,' '사회정의'를 연관지어 생각해보도록 해요.

카우프라우슈는 독일어로 '쇼핑'을 뜻하는 'Kauf'와 '도취 상태'를 가리키는 'Rausch'를 이어붙여 만든 단체명이에요. 무분별한 소비문화에 대한 비판의식에 더해, 가운데 두 글자를 대문자 (FR)로 표기해서 프라이부르크 지역의 정체성을 살리고 있죠.

카우프라우슈의 투어 프로그램은 문제를 지적하거나 비판적 관점을 제시하는 데서 그치지 않고, 긍정적인 변화의 움직임들을 직접 보여준다는 점에서 효과적이에요. 무엇보다 이 프로그램은 참가자들이 투어를 마치고 당장 자기 삶에서 대안을 실천하도록 만드는 동기 부여를 목적으로 해요.

현재 단체에서 활발하게 활동하는 막달레나 랑어(28)는 한 달에 한 번 이상 독일 곳곳에서 열리는 교육 세미나와 워크숍에 참가해요. 카우프라우슈 투어에서 활용할 만한 새로운 지도법을 배우기 위해서예요.

"지난주에는 연극기법을 활용한 지속가능성 교육 워크숍에

■ 지역 농산물이 직거래되는 독일 프라이부르크 거리의 포장 없는 농산물 가판대

참석했어요. 청소년이든 성인이든, 몸을 움직이고 적극적으로 참여할 때 더 잘 배울 수 있다는 것이 우리 단체의 확고한 신념이에요. 이번 워크숍에서 배운 연극 테크닉을 새로운 투어 코스에 바로 적용했더니, 설명할 때 필요한 어려운 통계수치들이 수월하게 외워졌어요."

게임으로 진행되는 카우프라우슈 투어

카우프라우슈 대안시티투어는 가이드의 일방적인 설명 대신, 참가자들의 적극적인 참여를 바탕으로 이루어져요. 가이드는 투어 과정에서 질문을 던지고, 자연스러운 이야기를 들려주며 우리들이 매일 합성섬유로 만든 옷을 입고, 플라스틱 소재가 쓰인 세탁기, 자전거, 휴대전화 등을 소비한다는 사실을 자연스럽게 깨닫도록 하죠. 다음은 시티투어 과정에서 가이드와 참가자들이 나누는 대화의 일부예요..

- 가이드: 지금부터 간단한 게임을 해볼까요? 우리 일상생활이 석유에 얼마나 의존하고 있는지 알아보는 게임입니다. 쪽지를 하나씩 나눠드릴 거예요. 그리고 '한나'라는 아이의 하루 일과를 들려드릴 텐데, 잘 듣고 있다가 자기 쪽지에 적힌 단어와 관련된 부분이 나오면 '피크 오일!'이라고 크게 외쳐주세요. 자, 시작할게요.
  〈따르릉, 따르릉 - 알람이 울려요. 한나는 조금 더 자고 싶지만 일어나서 학교에 갈 준비를 해야 합니다.〉
- 참가자 1: 피크 오일! 제 쪽지에 '알람시계'라고 적혀 있어요. 밑에는 '알람시계는 석유 추출물인 플라스틱으로 만들어진다'라고 적혀 있고요.
- 가이드: 네, 고맙습니다. 사실 우리가 매일 쓰는 물건 중에서 플라스틱이 들어가지 않은 물건을 찾기가 어렵죠. 플라스틱은 발명된 지 얼마 되지 않았지만 인류 역사상 가장 인기 있는 재료입니다. 값싸고 가공이 쉬워서죠. 우리는 석기-청동기-철기 시대를 지나 '플라스틱 시대'를 살고 있다고 해도 과언이 아니에요. 플라스틱 제품이 환경적으로 좋지

않은 이유는 뭘까요?

- 참가자 2: 플라스틱은 썩는 데 몇 백 년이 걸리니까요. 일회용 봉투나 값싼 생활용품은 금방 버려지는데 썩지 않고, 무한정 쌓이기만 하죠.

- 가이드: 맞습니다. 게다가 플라스틱은 우리 몸에 해로운 환경 호르몬을 배출합니다. 눈에 보이지 않을 정도로 작은 '미세 플라스틱'이 화장품, 섬유유연제 같은 생활 속 제품에 들어 있어서, 토양이나 해양 오염을 일으켜요. 값싼 유혹에 넘어가지 말고 나무나 유리처럼 환경호르몬으로부터 자유로운 재료로 만든 물건을 써야겠죠.

이야기를 계속 읽어보겠습니다. 〈한나는 따뜻한 물로 샤워한 다음, 부엌으로 가서 아침을 먹습니다.〉

- 참가자 3: 피크 오일! 물을 따뜻하게 데울 때 석유가 쓰여요. 제 쪽지에 샴푸에는 거품을 내는 '아미노산'이 들어 있는데, 이것도 석유에서 추출한다고 쓰여 있어요.

- 가이드: 석유에 의존하지 않고 몸을 씻으려면 어떻게 해야 할까요? 도시인들은 매일 샤워하는 습관을 가지고 있잖아요. 환경을 생각해서 씻지 말자고 하면 아무도 동참하지 않을 것 같은데요?

- 참가자 4: 태양에너지 같은 재생에너지로 물을 데울 수 있지 않을까요? 우리 엄마는 몸에 안 좋다고 예전부터 비누로만 씻으세요. 저도 엄마랑 몇 가지 기본원료만 넣어서 비

누를 만들어본 적이 있어요.

시티투어 참가자들은 도시 곳곳을 걸으며 공정무역 옷가게, 일회용 포장 없는 식료품 가게, 도농 직거래 장터, 수레가 달린 공유 자전거 등을 직접 찾아보고, 실제 사례들을 목격하고, 몸을 움직이며 서로 협동해야 답을 알 수 있는 문제풀이나 카드놀이를 하며 웃음꽃을 피우곤 해요.

투어의 주된 참가자 층은 청소년이에요. 이들은 매일 학교를 다니고 있어서 사실 뭔가를 '배운다'는 것에 지쳐 있어요. 그렇기 때문에 일방적으로 정보를 전달하거나, 주입식 수업을 하면 금방 관심을 잃고 휴대전화만 들여다보죠. 하지만 몸을 움직이고 탐방이나 토론, 게임을 하면 인터넷이나 교과서에 나와 있는 내용이라도 호기심을 보여요.

카우프라우슈는 이렇게 몸을 움직이고 상호작용을 하는 수업으로 학생들의 무관심한 태도를 바꿔놓죠. 한번 관심이 활성화되면 청소년들은 의외로 쉽게 사회참여나 창조활동에 나서요. 투어에서 게임을 하며 화폐경제의 불평등한 현실을 배우고 나면, 교실에서 물물교환 선반을 직접 만드는 식이죠. 이것이 바로 두 시간짜리 시티투어가 일상에서의 친환경적인 변화로 이어지는 이유예요.

소비습관을 바꾸는 작은 시작

환경운동가와 교육가들은 대량생산과 소비를 통해 성장을 계속하는 경제발전 모델 대신, 지속가능하고 생태발자국이 적은 삶의 방식을 추구하자고 주장해요. 그리고 시민들이 스스로의 일상생활을 돌아보고 소비습관을 바꿀 수 있도록 대안을 제시하죠.

이 과정을 통해 우리는 지속가능하고 윤리적인 소비가 대단한 결심이나 노력을 필요로 하는 것이 아니라는 사실, 당장 오늘부터 주변을 둘러보며 조금씩 배운대로 실천하면서 생활의 변화를 만드는 일이라는 사실을 알 수 있어요.

지구촌 곳곳의 다양한 이웃의 삶을 생각하며 모두에게 되도록 공평하고 정의로운 사회를 지향하는 것, 소비자 운동에서부터 첫발을 내딛는 건 어떨까요?

카우프라우슈에서 운영하는 대안시티투어 주제들

- **변화의 주역들:** 지속가능한 소비 분야에서 모범사례가 되고 있는 지역 가게들을 찾아가는 투어다. 포장 없는 가게, 물건 수리 카페, 물물교환 가게 등을 방문하고 지속가능한 사회를 만들기 위한 세 가지 핵심전략에 대해 토론한다.

- **지속가능한 먹거리:** 매일 식탁에 오르는 먹거리는 어디에서 올까? 우리의 건강은 생태계 토양, 해양, 대기 문제와 어떻게 연결될까? 공동체 지원 농업(CSA)의 사례가 되는 농장도 찾아간다. 지역에서 나는 과일과 채소의 생김새와 재배 주기에 대한 문제풀이를 해본다.

- **음식물 쓰레기:** 음식물 쓰레기가 생겨나는 원인과 전지구적 관점에서의 결과를 살펴본다. 독일 전국에서 시민들의 자발적인 참여로 운영되는 푸드셰어링(음식물 무료나눔) 프로젝트에 대해 알아본다.

- **세계화와 분배의 정의:** 지구상의 다양한 자원이 세계적으로 얼마나 불공정하게 분배되어 있는지, 보다 정의로운 경제 시스템을 위해서 필요한 것은 무엇인지 게임을 통해 배운다.

- **운동화와 청바지의 여행:** 오늘날 가장 보편적인 옷으로 꼽히는 청바지와 운동화의 가치사슬을 살펴본다. 소비자가 운동화 한 켤레, 바지 한 벌에 지불하는 돈을 기준으로 기나긴 생산과 운반 과정을 거슬러가며 누구에게 얼만큼 이윤이 돌아가는지 알아보고, 소비자의 손을 떠난 옷이 결국 어디로 가는지 알아본다.

- **지속가능한 수송:** 자동차나 기차는 물론 비행기 여행까지 보편화된 오늘날, 개개인은 자유를 얻었다. 이러한 교통수단의 발달은 지구생태계에 어떤 영향을 미칠까? 교통혼잡과 사고, 소음이나 배기가스 배출로 인한 문제들을 짚어본다. 또한 공공장소인 도로 위에서 누가 얼마나 공간을 차지하고

있는지 교통수단 별로 살펴본다. 어떻게 하면 사람들이 서로를 더 배려하고 사회적으로 지속가능한 수송과 교통 문화를 만들 수 있을지 개인의 생활습관과 도시계획 관점에서 돌아본다.

• **보이지 않는 물:** 청바지 한 벌을 만드는 데 11,000리터의 물이 들어간다. 물건을 만드는 데 왜 이렇게 많은 물이 필요한지, 지구의 물 자원은 누구에게나 무한하게 주어져 있는지 알아본다.

• **플라스틱과 피크 오일:** 사용할 수 있는 화석연료의 양은 이미 감소하고 있지만 인류의 석유 의존도는 여전히 높다. 휴대전화나 포장재, 화학제품 등에 쓰인 석유자원을 알아보고 우리의 일상생활을 돌아본다. 특히 폐기 후에도 자연분해되지 않는 플라스틱 쓰레기 문제의 대안사례를 직접 찾아가 본다.

모두가 행복할 수 있도록

■ 동백동산의 먼물깍 습지

| 한국 |

제주도 선흘마을 생태관광

나는 라다크에서 마음의 평화와 삶의 기쁨을
자신들의 천부적 권리라고 생각하는 사람들을 알게 되었고,
그들이 이루고 있는 공동체와 땅에 대한 깊은 유대감을 통해
물질적 풍요나 기술의 진보 같은 것들을 넘어
진정한 의미에서 풍요로운 삶을 누릴 수 있다는 걸 알게 되었다.
다른 방식의 삶도 가능하다는 사실을 알게 된 것이다.
－헬레나 노르베리 호지, 《오래된 미래-라다크로부터 배우다》 중에서

● ● ●

1988년 《오래된 미래》라는 책으로 우리나라에 처음 소개된 라다크 마을은 '작은 티베트'라고 불려요. 우리가 라다크에서 배우는 가장 중요한 부분은 행복이죠. 라다크 사람들의 기쁨과 웃음은 삶 자체에 대한 순수하고 거리낌 없는 경애심에 바탕해 있어요.

인도 북부에 위치한 이곳 라다크 사람들은 경제적으로 풍요

롭지 않았으나 아름다운 자연 속에서 자급자족으로 생계를 유지하며, 마을의 중요한 일은 함께 토론하고 협동하여 해결했습니다. 아이들은 어른들의 무조건적인 사랑 속에서 성장하며 자기보다 어린 아이를 돌보는 책임감 있는 어른으로 성장했죠. 라다크 사람들은 모두가 행복했어요. 서구문명이 개발이라는 이름으로 라다크를 점령하기 전까지는 말이죠.

이후 인구가 증가하고 화폐경제가 자리잡으면서 사람들은 경쟁하기 시작했어요. 라다크 사람들이 소중하게 여겼던 땅과 인간의 관계, 공동체적 가치관은 붕괴되었죠.

작은 공동체가 감당하기 어려운 거대한 변화에 마을의 전통과 생태적 가치관마저 파괴된 라다크의 이야기를 접하면서, 나는 획일화된 수익지향적 관광이 지역의 환경과 문화, 주민들의 삶을 송두리째 뒤흔드는 많은 사례들을 떠올렸어요.

헬레나가 이야기한 '다른 방식의 삶'처럼 '다른 방식의 관광'은 존재하기 어려운 걸까요? 자연에 미치는 영향과 피해를 최소화하며 주민과 여행자 모두가 행복한 관광이 존재한다면 어떤 모습일까요? 제주도 선흘마을에서 그 해답을 찾아보았습니다.

650년 이상의 역사를 가진 선흘마을의 '흘'은 깊은 숲이라는 뜻이에요. 이름 그대로 이 마을에는 제주의 원시림이라고 할 수 있는 선흘 곶자왈 동백동산이 위치해 있죠. 곶자왈은 제주 방언으로 엉성한 돌무더기 지형에 나무, 덩굴식물이 뒤덮인 숲을 뜻해요.

마을의 상징과도 같은 동백동산은 제주도롱뇽, 북방산개구리, 맹꽁이의 산란장소이고, 도마뱀과 줄장지뱀의 먹이공급원이며 직박구리와 제주휘파람새 같은 야생조류의 수분공급처로 알려져 있어요. 마을 사람들에게는 땔감과 마실 물, 식량을 내어주는 소중한 터전이었고, 혼란의 시대에는 몸을 숨겨주는 은신처로 기능했죠.

동백나무가 많아 동백동산이라는 이름을 갖게 되었지만, 오늘날 이곳은 동백꽃이 군데군데에서 겸손하게 몇 송이를 맺는 정도예요. 동백동산이 보호림으로 지정되고 벌목이 금지되면서 다른 나무들이 빠른 성장을 하는 동안, 성장이 느린 동백나무는 햇빛을 받으려고 웃자라느라 꽃을 피울 여력이 없기 때문이죠.

주민들이 직접 만들어가는
선흘1리 생태관광

지난여름에 처음 방문한 동백동산은 아름답고 신비로웠어요. 동백이 더디게 자랄 정도로 숲은 울창했고, 빛이 잘 들지 않아서 바닥은 습기를 가득 머금고 있었어요. 축축한 숲에 발걸음을 내디딜 때마다 흙내음과 나무향기가 온몸으로 스며들었죠.

구비구비 난 길을 따라 한참을 걷다 보면 어느 순간 밝은 빛과 함께 고요한 물가가 나타납니다. 동백동산의 대표 습지 먼물깍이에요. 사시사철 마르지 않는 이 물가에서 마을 사람들은 말

■ 제주 북촌 돌하르방 공원에서 만난 평화의 메시지

2019. 7. 13
MEEJUNG

과 소를 먹이고, 빨래와 목욕을 했어요. 이곳은 제주가 관광지로 개발되는 과정에서 많은 부분 사라져버린, 제주에서만 볼 수 있는 곶자왈 지형을 고스란히 간직하고 있어서 더욱 특별한 곳이에요.

처음에 마을 주민들은 이런 자연의 가치를 제대로 인식하지 못하고 있었어요. 동백동산이 대대로 주민들 곁에 존재해온 일상적인 존재였기 때문이죠. 동백동산을 선흘1리 생태관광의 거점으로 만들고자 나섰을 때, 마을의 '삼춘'(남녀를 불문하고 먼 친척어른은 물론 이웃의 윗사람까지 지칭하는 제주 방언)들은 동백동산에 뭐 대단한 것이 있냐며 시큰둥한 반응이었어요.

하지만 2011년 생태관광전문가, 환경단체 등이 지역주민들과 선흘1리 생태관광 추진협의체를 구성해서 마을에 대한 학습을 시작하고, 제주도와 환경부의 예산이 투입되어 동백동산습지센터가 만들어지면서, 선흘1리 생태관광의 역사가 본격적으로 시작되었어요. 2012년에는 마을축제가 부활했고, 2013년에는 부녀회가 중심이 되어 동백동산에서 나는 재료로 향토음식을 만들어 선보였죠.

선흘1리의 생태관광은 여러 외부단체의 도움을 받아 시작되었지만, 큰 원칙은 어디까지나 '마을 사람들이 주체가 되어야 한다'는 데 있었어요. 마을 주민들은 중요한 결정사항이 있을 때는 '리민큰마당'을 열어 마을의 방향성을 논의했죠.

"삼춘! 우리 마을 자랑이 머우꽈?"

"삼춘! 생태관광사업 어떵허코마씀?"

■ 동백나무

"삼춘! 마을길 개방 어떵허코마씀?"

주민들은 원탁에 둘러앉아 최종합의에 이를 때까지 이야기하고 또 이야기했어요. 토론에 익숙하지 않은 100여 명의 어르신들이 체육관에 나와 저마다의 목소리를 냈어요.

주민들이 모여 함께 논의하는 시간이 차곡차곡 쌓이고, 동백동산을 중심으로 하는 선흘1리 생태관광의 모습이 구체화되면서 마을에는 크고 작은 변화가 찾아왔습니다.

나이 든 우리가 뭘 할 수 있을까 고민하던 '삼춘'들은 6개월 동안 저녁마다 그림책 모임에 참여했어요. 이곳에서 자신들의 지난 삶을 돌이켜보고 마을에서의 추억을 그림과 글로 남겼죠. 쑥, 고사리 등 선흘에서 나는 소박한 재료들을 주제로 향토음식을 소개하는 요리책을 만들었고, 체험 프로그램도 기획했습니다.

이뿐만이 아니에요. 생태관광 해설사 교육을 수료한 삼춘해설사들은 여행자들을 위한 해설활동을 시작했고, 선흘분교 학생들은 꼬마해설사가 되어 동백동산을 찾는 또래친구들에게 숲 안내자가 되어주었어요. 이렇게 동백동산과 마을에 존재하는 자원을 활용하여 다양한 생태관광, 체험, 환경교육 프로그램들이 탄생했어요.

우리 마을에서 관광이 가능하겠냐며 의아해하던 주민들은 공동의 학습을 쌓아가는 과정에서 너무나 익숙해서 미처 깨닫지 못했던 동백동산의 가치를 새롭게 알게 되었고, 이제는 동백동산을 넘어 가까운 곳의 생태계에도 관심을 갖게 되었어요. 주민들이 생태관광을 추진해온 지난 10여 년은 동백동산과 자연의 소중함을 배우는 시간이었죠.

주민과 여행자 모두
행복할 수 있도록

마을에 반가운 변화들도 생겨났습니다. 동백동산을 방문하는 관광객이 꾸준히 증가해서 2018년에는 방문객이 2만 명을 훌쩍 넘은 거예요. 덕분에 마을의 산업구조가 농업 위주에서 요식업, 숙박업 등으로 다변화했고, 전에 없던 새로운 일자리들도 생겨났어요. 건고사리나 도토리가루, 꿀 등의 생산물을 거래할 수 있는 판로가 생겨나면서 주민들은 부가수입도 얻을 수 있었죠.

■ 꿈·자유·상상이 피어나는 제주나미 한켠의 돌징검다리

공감과 책임   215

무엇보다 기쁜 일은 1970년대 이후 계속되던 인구감소가 멈추었다는 거예요. 30~40대의 젊은 이주민들이 늘어나기 시작하면서, 폐교가 거론될 정도로 학생이 적었던 선흘분교는 최근 2~3년 사이에 18명에서 70명으로 학생수가 늘었어요. 생태교육 특성화 학교로 인기를 모은 것도 한몫했죠.

10여 년 동안 마을 주민들과 함께 울고 웃으며 선흘1리 생태관광의 토대를 일궈온 활동가는 말합니다.

"생태관광은 수단이지 목적이 아닙니다. 제주의 환경을 보전하려고 보니 관광이 자연을 너무나 많이 파괴하고 있더라고요. 대안이 필요했지요."

그 대안이 바로 자연과 지역 주민이 감당할 수 있을 정도의 내용과 규모로 진행되는, 자연보호를 목적으로 하는 관광이었어요. 주민들은 지역 생태계의 가치를 학습하고, 여행자들은 오감을 마음껏 활용하여 자연 속에서 걷고, 듣고, 보고, 먹고, 체험해요. 주민과 여행자 모두가 행복할 수 있는 생태관광만큼 활력 있고 생생한 환경교육이 또 어디 있을까요?

선흘1리에서는 동백동산 등 다양한 지역 생태자원을 활용하는 프로그램을 기획·운영하고 있어요. 모든 프로그램은 자연에 대한 배려, 주민과 여행자 모두의 행복, 지속가능한 마을을 지향하고 있죠. 선흘1리에서 운영하는 프로그램은 다음과 같아요.

2019. 10. 13
MEEJEONG

■ 제주 돌담길과 들꽃

■ **생태관광 프로그램**

- 다같이 돌자 동네 한바퀴: 제주의 마을길을 자전거를 타고 천천히 돌아보고 제주 자연을 대표하는 곶자왈, 돌, 해변을 깊이 있게 들여다보는 캠핑형 프로그램이에요.

- 쨍하고 해들곶: 현대사의 비극 제주 4.3을 겪은 선흘주민들의 경험을 토대로, 마을 유적을 돌아보고 이야기를 나누는 역사여행 프로그램이에요.

- 동백꽃 피다: 눈 내리는 초록 숲의 동백동산, 그 안에 있는 붉은 동백, 그리고 노래가 있는 프로그램이에요.

- 동백동산 해설 예약 프로그램: 동백동산 해설사들과 함께하는 동백동산 습지 여행으로, 예약을 통해 자연환경해설사, 지질공원해설사 외에도 마을의 삼춘해설사, 꼬마해설사, 질토래비('길안내자'라는 뜻의 제주 방언) 해설로 마을의 다양한 이야기를 들을 수 있어요.

■ **환경교육 프로그램**

- 동백동산 '물숲새': 습지, 곶자왈, 새(물숲새) 세 가지 주제로 생태교육전문가 과정을 이수한 전문가, 자연환경해설사와 함께하는 숲 여행을 진행해요. 지역이 지킨 습지와 곶자왈의 과거, 현재 이야기를 들으며 제주의 미래를 생각하는 프로그램으로, 2017년에 환경부 인증을 받았습니다.

서울 같은 대도시는 물론이고 바다 건너 제주까지 바야흐로 오버투어리즘의 시대입니다. 거침없이 몸집을 키우는 관광산업으로 수용가능한 범위를 넘어서는 관광객이 몰려들면서, 이들이 지역의 모습을 변화시키고, 자연을 파괴하고, 주민들의 삶을 침범하고 있어요.

이러한 관광산업의 행태를 반면교사로 삼아, 선흘1리 주민은 동백동산과 마을의 역사, 문화, 생태적 가치를 잘 정리하여 후세에 남기고 여행자들을 반갑게 맞이할 것을 다짐하곤 해요.

모든 프로그램은 최소의 교통수단, 최소의 인원으로 진행하며 여행자들에게는 주민들의 생활보호를 위해 마을 안쪽 길을 걷는 것을 피하고, 동식물을 해치는 행동을 하지 말아주기를 당부합니다. 주민과 여행자가 서로에 대한 책임과 자연에 대한 책임을 잊지 않는 거예요.

최근 제주에서는 조천읍 선흘2리 동물테마파크 건설, 제2공항 건설과 같은 대규모 개발계획이 발표되어 갈등이 끊이지 않고 있어요. 자연이 감당할 수 있을 만큼의 개발, 지역 주민과 관광객 모두가 행복할 수 있는 생태관광으로 의미 있는 성과를 일구어가고 있는 선흘1리의 사례가 대안이 되기를 바랍니다.

■ 조화의 교육 현장

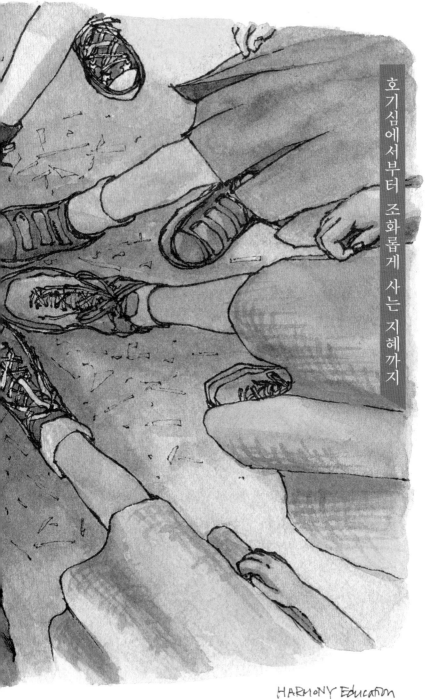

호기심에서부터 조화롭게 사는 지혜까지

HARMONY Education
2000 HEEJEONG

조화의 교육

조화의 교육은 우리가 세계를 바라보는 새로운 방법이다.

－조화의 교육 홈페이지(www.thejarmonyproject.org.uk)

● ● ●

월요일 아침 조회시간, 영국의 애슐리 초등학교에서는 학생들의
발길이 강당 대신 잔디 운동장으로 향합니다. 모든 학생과 선생
님은 하나의 큰 원을 그리며 둘러서고, 함께 조용히 눈을 감고
명상시간을 가져요. 그런 다음, 옆에 있는 사람들과 서로의 마음
을 나누죠. 애슐리 초등학교에서 이런 조회시간을 갖는 이유는
무엇일까요?

'우리는 누구이고, 왜 이 학교에 모여 공부를 하는가?'라는
질문에 대한 답을 찾기 위해서예요. 더 정확하게 말하자면, 각자
자기맞춤형으로 답을 찾아가는 방법을 익히기 위해서죠.

우리나라 학생들은 초등학교부터 중학교, 고등학교, 대학교

를 거치며 15년이 넘는 시간 동안 매일 아침부터 저녁까지 학교교육을 받아요. 왜 모두 이런 공부를 하는 걸까요? 누구나 하니까? 졸업장이 필요해서? 좋은 회사에 취직하기 위해서?

'나는 누구이고, 왜 여기서 이것을 배우는가?'라는 질문에 답을 찾는 일은 매우 중요해요. 질문을 덮어둔 채 학교와 학원, 과외 등을 전전하며 일등부터 꼴찌까지 이어진 줄 어디쯤에 서는 일상은 학교 가기 싫은 청소년, 우울감을 호소하는 청소년의 숫자를 늘릴 뿐이기 때문이죠.

벌은 왜 멋질까?
호기심에서부터 조화롭게 사는 지혜까지

통신기술의 발달 덕분에 우리는 컴퓨터와 휴대전화를 이용하여 빠르게 변화하는 지식과 정보에 손쉽게 접근할 수 있어요. 이런 기술은 21세기를 살아가는 우리에게 구슬을 꿰어 보배를 만드는 능력을 요구하죠. 우리는 인류보편의 가치를 바탕으로 흩어진 지식과 정보를 모아 자기만의 창의적인 방식으로 꿰어 지혜를 얻고, 이것을 생활에 적용하여 더 나은 세상을 만드는 데 기여해야 해요.

이런 요구에 따라, 애슐리 초등학교의 교육은 학생 개개인 안에 잠자고 있는 호기심을 깨워서 좋아하는 일을 찾을 수 있도록 만드는 데 초점을 두고 있어요.

수업계획은 학생들이 호기심을 가질 만한 '탐구질문'들로 채워져요. 예를 들어, 초등학교 2학년의 수업은 '벌은 왜 멋질까요?', '공룡들은 각각 어떤 특징을 가졌나요?', '어떻게 하면 건강하게 살 수 있을까요?', '런던 대 화재 후에 런던은 어떻게 변했나요?'와 같은 질문들을 탐구해요. 영국에서는 1년이 세 학기로 구성되는데, 애슐리 초등학교에서는 한 학기 중 절반에 해당하는 6주 동안 하나의 탐구질문을 가지고 공부를 하고 있어요.

여름이 되어 꽃이 피고 벌들이 날아다닐 때 애슐리 초등학교 아이들은 '벌은 왜 멋질까요?'를 공부합니다. 이 질문에서 파생된 작은 질문들이 바로 아이들이 한 주 동안 생각할 주제가 돼요. 예를 들어, 한 주는 '벌들은 어떻게 벌집을 만들어 같이 살까요?'를, 다음 주에는 '벌들은 어떤 꽃을 특별히 더 좋아하나요?'를, 그다음 주에는 '무엇이 벌을 해치나요?', 그 다음에는 '벌을 보호하기 위해 우리가 할 수 있는 일은 무엇일까요?'를 공부하는 식이죠.

국어나 수학 등의 다른 과목들도 해당 기간의 탐구질문과 관련 있는 내용을 다뤄요. 예를 들어 '벌들은 어떤 꽃을 특별히 더 좋아하나요?'를 탐구하는 주간에는 지리시간에 학교교정의 어디가 벌 친화적이고 어디가 친화적이지 않은지 살펴요. 이 탐구과정에서 아이들은 어떻게 하면 벌들이 많이 찾아오는 학교환경을 만들 수 있을지 생각해보게 되죠.

'무엇이 벌을 해치나요?'를 탐구하는 주간의 국어시간에는 양봉하는 사람을 위한 안내문을 써요. 수학시간에는 벌에 대해 조

©RichardDunne

■ 애슐리 초등학교는 자연에서의 체험수업을 바탕으로 탐구를 이어가도록 한다.

사한 내용을 그래프로 표현해보고, 체육시간에는 벌들이 서로 의사소통하는 움직임을 몸짓으로 따라해보죠. 벌의 움직임을 여럿이 함께하는 춤으로 만들어 학기말에 공연을 하기도 하고요. 벌 역할을 하는 춤꾼들이 많으면 많을수록 공연은 재미있어지죠. 벌들이 서로 부딪치지 않고 서로를 존중하며 소통하는 법을 몸소 체험하면서 말이죠!

벌은 왜 멋질까요? 이 질문에 정답은 없어요. 다만, 이 주제를 탐구하는 동안 학생들 사이에서는 제각각의 수많은 호기심이 피어나죠. '벌 말고 다른 동물들의 몸짓은 어떨까? 그것도 춤으로 만들어보면 어떨까?', '벌집은 왜 육각형일까?' 등등. 학생수만큼 피어난 호기심만으로도, 벌이 왜 멋질까에 대한 자신만의 답을 찾은 셈입니다.

길가에서 꽃에 앉은 벌 한 마리를 볼 때도 서로 도우며 조화롭게 살아가는 자연의 이치를 꿰뚫어보는 지혜가 생긴다면, 공부는 왜 하는가에 대한 답이 되지 않을까요?

조화의 일곱 가지 법칙[*]

애슐리 초등학교는 한 해 동안 여섯 가지씩 질문을 던지고 이 질문을 탐구하는 과정을 거치는데, 이 질문들은 자연에서 배우는 조화의 일곱 가지 법칙을 토대로 존중, 친절, 진실성, 책임감, 용기, 용서, 기쁨의 일곱 가지 가치를 교육하는 방법입니다.

조화의 일곱 가지 법칙은 70년대부터 유기농업, 지속가능한 도시계획 등에 관심을 가진 찰스 왕세자의 책《하모니》에서 시작되었어요. 애슐리 초등학교의 리처드 던 교장은 이 책의 핵심가치를 다음의 일곱 가지로 요약하고 이를 교육과정에 성공적으로 도입하면서 전국적으로 주목을 받게 되었죠.

-다양성의 법칙:

다양하면 더 강합니다. 아이들은 자연 속에서 색깔, 모양, 소리 등으로 다양성이 발현되는 모습을 스스로 관찰하고 학교 텃밭, 학교 숲 가꾸기 등을 통해 이를 지키려고 노력해요. 그리고 이를 통해 서로 다른 피부색, 출신지, 문화적 배경, 가치관을 가진 사람들 간의 다양성을 가치 있게 여길 수 있습니다. 교사는 학생들 개개인의 다양한 관심사와 재능을 어떻게 존중하여 발현시킬 수 있는지를 고민해야 하죠.

---

[*] 애슐리 초등학교 홈페이지 https://www.ashleyschool.org.uk/
조화의 교육 홈페이지 www.theharmonyproject.org.uk

- 상호의존성의 법칙:

생태계의 모든 요소들은 제각각 역할을 하는 동시에 서로에게 기대어 균형 있게 공존해요. 개개의 교과목에서 서로 연관된 부분을 찾아 하나의 주제나 프로젝트로 엮으면 학생들이 자신들이 배우는 내용의 전체적인 의미와 효용을 통합적으로 이해하는 데 도움이 됩니다.

- 건강의 법칙:

자연은 끊임없이 태어나고 또 죽기를 반복하고 순환하며 건강한 상태를 유지해요. 자연은 아이들이 지적·감정적·신체적으로 건강하고 행복하게 사는 방법을 터득할 수 있도록 해요. 그리고 이 깨달음은 교육의 중요한 목표 중 하나여야 하죠. 교육은 아이들 스스로 목표의식을 가지고 자기만의 생각을 발전시키도록 하는 동시에 주변환경과 사회를 건강하게 만드는 일에 동참하도록 합니다.

- 기하의 법칙:

눈송이 결정체부터 우주 속 행성의 모습까지 우리 주변에서 볼 수 있는 다양한 기하학적 문양들은 생명의 질서를 나타내요. 자연 속 문양을 관찰하며 그 아름다움을 즐기는 법을 터득하는 동안, 아이들은 자연을 바라보는 눈을 갖게 되지요.

- 순환의 법칙:

생태계는 끊임없는 재생의 순환을 합니다. 교육과정을 계절의 변화에 따라 설계하고 체험활동을 하도록 하면, 아이들은 순환의 법칙을 이해할 수 있어요. 재활용 등을 통해 자연의 순환법칙을 지켜가야 한다는 사실도 깨달을 수 있죠.

-적응의 법칙:

오랜 세월에 걸쳐 주변환경에 적응해온 동식물들을 통해, 아이들은 나와 주변과의 관계성이 얼마나 중요한지 깨달을 수 있어요. 아이들은 여러 활동을 통해 마을 공동체와 함께 새로운 변화에 적응하며 살아가는 방법을 배워갈 수 있어요.

-하나됨의 법칙:

우리 또한 자연의 일부로서 거대한 하나의 부분임을 깨닫습니다. 아침조회시간의 조용한 명상은 우리 모두가 거대한 우주와 연결되어 있음을 깨닫도록 해요. 이는 내가 한 행동이 모두에게 영향을 끼친다는 생각으로 이어져, 지속가능한 삶의 철학적 기반이 되지요.

'왜?'라는 질문에서
'그럼 나는 무엇을 할 수 있을까?'로

여기서 중요한 점은 질문이 또 다른 질문으로 이어져야 한다는 거예요. 자연에서 배운 조화의 법칙을 마음에 담고 주변을 돌아보면, 자연스럽게 새로운 질문들이 꼬리에 꼬리를 물고 떠오르죠.

학교에서 '무엇이 벌을 해치나요?'를 배우면 등굣길에 '벌은 자동차를 싫어할까?', '벌들이 사라지면 또 무엇이 사라질까?' 등의 궁금증이 생길 수 있어요. 그리고 이 질문들은 '벌들이 사라지지 않게 하려면 나는 무엇을 할 수 있을까?'로 이어집니다.

지식을 배우고, 주변의 현실을 비판적으로 살펴보며 또 다른 질문을 던지고, 여기서 한걸음 더 나아가 배운 것을 실천에 옮기는 활동은 스스로 질문을 던지고 또 스스로 답을 만드는 과정을 통해 생각의 근육을 키우게 해요.

학교에서 흔히 보는 일종의 체험학습, 프로젝트 활동들도 애슐리 초등학교에서는 조금 더 특별해집니다. 무슨 활동이든, 조화의 법칙을 지켜가는 데 작은 보탬이 되는 실천으로 만들기 때문이죠.

6주 동안 하나의 질문을 가지고 함께 생각을 나누고 나면 마지막 시간은 서로를 격려하고 축하하는 작은 축제로 꾸며요. '위대한 활동(Great Work)'이라고 불리는 이 시간은 그동안 공부한 것에 기쁨의 의미를 부여하고 배우고 질문하는, 공부가 즐거운 일임을 되새기는 자리예요.

예를 들어, '위대한 활동'에서는 멋진 벌들을 지키기 위해 마을 어귀에 다양한 야생화를 심어 정원을 만들어요. 그리고 정원을 여는 작은 축제를 열어 시를 지어 낭송하거나 벌춤을 추는 공연으로 학부모와 동네 사람들에게 왜 벌이 멋진지, 왜 벌을 지켜야 하는지를 알려요. 학교 안에 마련된 벌통에서 꿀을 채취하여 시식하는 시간을 갖기도 하죠.

'위대한 활동'은 아이들 스스로 공부하고 생각하고 창작해낸 결과물을 자랑스럽게 여길 기회이기도 해요. 스스로 배움의 주인임을 깨닫는 동안, 아이들은 여럿이 함께할 때의 즐거움과

서로 힘을 모으면 왜? 라고 묻는 과정에서 발견한 부조리한 문제점들을 같이 해결해나갈 수 있다는 자신감을 배우죠. 학교 담장을 넘어 동네 사람들과 함께 배우며 마을 속에서 커가는 시간이 되는 건 물론이고요.

영국 최고의 지속가능한 학교

2012년 애슐리 초등학교가 유럽연합 〈지속가능한 에너지상〉을 수상하고, 2015년 영국 최고의 지속가능한 학교 아홉 곳 중 하나로 선정되는 등 주목을 받자, 영국 각지의 뜻있는 교사들이 찾아와 하나둘씩 그 비결을 배워가기 시작했어요.

현재 운영되고 있는 교육체제의 문제와 한계를 누구보다도 잘 아는 교사들은 조화의 일곱 가지 가치를 적용한 교육으로 아이들이 변하는 모습을 보며 이 방식을 널리 전파하기 시작했고요. 지금 조화의 교육은 일본과 이집트 등으로도 전파되어 국제적으로도 서서히 알려지고 있죠.

조화롭게 더불어 사는 자연의 이치를 배우고, 창의적·비판적으로 자기만의 호기심을 무럭무럭 키워서, 주변 사람들과 힘을 모아 더 좋은 세상을 만드는 데 즐겁게 앞장서는 애슐리 초등학교 아이들의 모습에서 내일의 희망을 그려봅니다.

기획 (사)환경교육센터

2000년에 설립한 국내 최초의 환경교육 전문기관입니다. 환경교육의 대중화와 체계
화를 위해 대상별, 주제별 환경교육 프로그램을 운영하며, 환경교육 지도자 양성과
환경교육 교재·교구 개발과 보급, 환경교육 연구·정책 수립에 힘쓰고 있습니다. 2015
년에는 사회적 약자나 자연소외계층, 특히 아시아의 교육소외계층과 공감하고 배려
하는 환경교육으로 지평을 확대하기 위해 '모두를위한환경교육연구소 이파리(EEFARI)'
를 설립하고, '모두를 위한 환경교육' 담론을 확장하는 연구 발간 사업에 더욱 집중하
고 있습니다. 연구소는 사회적·환경적 약자, 자연소외계층까지 아우르며, 생명·생태의
가치와 더불어 공감·배려·공평·정의의 가치를 보다 강조하는 모두를 위한 환경교육
담론의 연구와 실천을 지향합니다.

기획한 책으로 《모두를 위한 환경개념 사전》, 《지구사용설명서 1, 2》, 《깨끗한 물이 되
어 줘!》, 《맑은 공기가 필요해!》가 있고, 쓴 책으로 《환경아, 놀자》, 《한국의 환경교육
운동사》, 《교육실천가를 위한 사회환경교육론1, 2》가 있습니다.

* 이 도서는 환경부, 국가환경교육센터의 환경도서 출판 지원사업 선정작입니다.

뜨거운 지구 열차를 멈추기 위해
: 모두를 위한 세계환경교육 현장을 가다

기획 (사)환경교육센터 | 글 장미정, 변원정, 정세연, 임수정 | 그림 장미정
펴낸이 곽미순 | 책임편집 윤소라 | 디자인 유나의숲

펴낸곳 ㈜도서출판 한울림 | 편집 윤소라 이은파 박미화
디자인 김민서 이순영 | 마케팅 공태훈 | 경영지원 김영석
출판등록 1980년 2월 14일(제2021-000318호) | 주소 서울특별시 마포구 희우정로16길 21
대표전화 02-2635-1400 | 팩스 02-2635-1415 | 블로그 blog.naver.com/hanulimkids
페이스북 www.facebook.com/hanulim | 인스타그램 www.instagram.com/hanulimkids

1쇄 펴낸날 | 2020년 11월 16일
4쇄 펴낸날 | 2023년 4월 20일

ISBN 978-89-5827-133-8 43300